*La Escalera del Liderazgo Transpersonal:*
*Del Yo a la Organización Global*
*Antonio Nicolás Rubino*
*Manuela Amat*

Houston, Texas
2016

**Antonio Nicolás**

*A mi madre, quien me ayudó a construir, con su dedicación y amor, muchas de las ideas que son presentadas en el libro. A mi hermano, quien sin quererlo, me enseñó el valor de hacer algo por otros, a mis hijas, quienes con su amor y sus puntos de vista, me enseñaron a entender, aceptar y buscar el valor de la diversidad.*

**Manuela**

*A la memoria de mis padres, ejemplos de amor, honestidad y perseverancia en nuestras vidas. A mis hijos, que representan los hijos del mundo, para ellos este pequeño aporte.*

**Antonio Nicolás y Manuela**

*A los dirigentes, gerentes y líderes de nuestro país y del mundo, quienes nos mostraron, con sus ideas y acciones, el verdadero sentido del Liderazgo Transpersonal. Ustedes nos proporcionaron el material para reflexionar.*

# Contenidos

- McFarland, Lynn, Senn, Larry y Childress, John
- Kotter, John

## Introducción

Si usted se ha preguntado ¿Qué es el liderazgo? ¿Quién es líder y quién no lo es? ¿Hay diferencias entre líderes y gerentes? ¿Son líderes todos quienes nos dirigen? ¿Existen diferentes tipos de líderes? ¿Cómo reconocer un líder verdadero de uno que no lo es? ¿Existen líderes positivos y negativos? este libro le ayudará a construir las respuestas.

En La Escalera del Liderazgo Transpersonal, tomamos elementos de las teorías existentes y las recomponemos en un enfoque socio-ecológico, en el cual el líder se mueve, conscientemente, fuera del ámbito local, regional y organizacional hacia el global.

Este libro está dividido en once partes, en la primera: consideraciones previas, hacemos una revisión resumida sobre el concepto de liderazgo y su desarrollo en el tiempo; exploramos algunos enfoques, entre los que se incluyen: la teoría de los rasgos, el liderazgo efectivo y las relaciones entre liderazgo, poder e influencia. Continuamos con el liderazgo situacional y su relación con elementos del contexto. Finalizamos presentando algunos enfoques actuales que hacen hincapié en el desarrollo y articulación de la visión de la organización y el papel del líder como facilitador del desarrollo de sus colaboradores.

En la segunda parte: la escalera del liderazgo, exploramos los aspectos básicos del Liderazgo Transpersonal, y planteamos las interrogantes fundamentales en cuanto a quiénes pueden ser considerados líderes y quiénes no.

En la tercera parte, exploramos el primer escalón de la escalera: ejercer influencia sobre las personas. Éste está relacionado con la habilidad del líder para mover a las personas en una cierta dirección. Consideramos las diferentes formas de influencia, entre las cuales incluimos: persuasión racional, persuasión emocional, consulta, conquista, interés personal, intercambio, coalición, legitimación y presión. A su vez, establecemos cuáles son las más adecuadas desde el punto de vista del Liderazgo Transpersonal.

En la parte cuatro: influir sin usar recompensas de bajo orden, proporcionamos una dimensión cualitativa del concepto.

Expresamos que ejercer influencia no es suficiente, al tiempo que establecemos que es necesario influir, apelando a principios socialmente aceptables, que produzcan bienestar para los colaboradores. En este escalón planteamos que el líder no debe usar recompensas de bajo orden, tales como penalizaciones o premios. Esto implica una orientación, por parte del líder, centrada en el grupo, con alta consideración por el valor de las opiniones y puntos de vista de las personas. Consideramos el poder usado por el líder, en sus múltiples acepciones, para convencer a sus seguidores. Exploramos formas de poder que incluyen: el poder de experto, el de referencia, el poder para recompensar o coartar, y el poder legítimo; adicionalmente, consideramos el poder por posesión de información. Analizamos las bases del poder en íntima relación con la participación y los procesos democráticos que pueden ocurrir cuando el líder ejerce el liderazgo y/o cuando define objetivos para o con los seguidores.

En la quinta parte, promover y facilitar activamente el desarrollo de los seguidores y de la organización, proveemos un sentido de direccionalidad a las acciones del líder. Cuando llega a este escalón, entiende que parte de su trabajo es facilitar en las personas el descubrimiento de su potencial, sin perder de vista, que el desarrollo de éstas va intrínsecamente relacionado con el desarrollo de la organización a la cual pertenecen. En este escalón, el líder se coloca en una orientación centrada en el grupo, sin perder de vista la organización. En esta sección, revisamos conceptos tales como: "empowerment" (facultar, capacitar), toma de decisiones compartidas y democracia. Además incluimos, someramente, los conceptos de fe, confianza y convicción y su relación con el liderazgo.

En la sexta parte: desarrollar y practicar una orientación socio-céntrica, consideramos que la conciencia del líder debe moverse fuera de los límites de la organización. Este escalón tiene que ver con la conciencia que posee el líder sobre los efectos de su liderazgo en la organización, en el entorno inmediato, en la comunidad y en la sociedad. En esta sección, exploramos algunas concepciones de las sociedades que incluyen: las sociedades prescriptiva, emprendedora y del conocimiento; y las acciones que los líderes emprenden en cada una de ellas. Así mismo, presentamos la necesidad de practicar un Liderazgo Transpersonal en las sociedades del conocimiento.

La séptima parte: practicar una orientación global y ecológica, constituye el más alto nivel de desarrollo del líder. Tiene que ver con la adquisición de una conciencia global, que hace que el líder entienda que sus acciones influyen y son influenciadas por otras personas, comunidades, culturas y países. En esta sección, exploramos las características y comportamientos fundamentales del Líder Transpersonal: presentamos algunas consideraciones finales sobre lo que significa el liderazgo de quinto escalón y describimos comportamientos fundamentales tales como: tomar riesgos que no han sido tomados por otros; crear una atmósfera de excelencia en las personas, la organización, la sociedad y el planeta; acceder y usar la información y el conocimiento; proveer oportunidades para que otras personas accedan y usen la información y el conocimiento; facultar a las personas, enseñándolas a aprender a aprender.

En la octava sección: exploramos la ética y el liderazgo. Partimos de la definición de ética y de los sistemas de ética, relacionándolos con la toma de decisiones por parte de los líderes. Exploramos algunas concepciones éticas y comentamos sobre diferentes formas de practicar un liderazgo ético, estableciendo su relación con el Liderazgo Transpersonal.

En la novena sección: el Liderazgo Transpersonal, planteamos que éste es un proceso a través del cual el líder se desarrolla y promueve, activamente, el desarrollo de los colaboradores para alcanzar propósitos, social y globalmente compartidos, que conduzcan al bienestar personal, organizacional, social y global. En esta sección, revisamos algunas acciones que los líderes transpersonales deben promover y facilitar, ellas incluyen: autogerenciar su crecimiento basado en elementos éticos y morales, socialmente aceptables; facilitar el desarrollo de otros para que alcancen altos niveles éticos y morales; considerar a los colaboradores, el contexto y a sí mismo como factores básicos del liderazgo; combinar la motivación interna y externa como elementos importantes para el progreso individual; moverse del yo hacia la organización y hacia la sociedad, balanceando y combinando el conocimiento personal, de sí mismo, con el conocimiento organizacional, social y global; y proveer y promover la creación de significados "significativos" para los colaboradores.

En la décima sección, notas finales, presentamos nuestro punto de vista sobre las condiciones necesarias para que se alcance el Liderazgo Transpersonal. En esta sección le dejamos algunas reflexiones para que usted saque sus conclusiones y construya sus modelos mentales, en cuanto a lo que es el liderazgo, quiénes son líderes transpersonales y quiénes no lo son...

En la décima primera sección, un resumen del liderazgo transpersonal en el contexto organizacional es presentado. Se considera, la diferencia entre gerencia y liderazgo, en asociación con cada uno de los escalones del liderazgo transpersonal.

## Consideraciones previas

El líder, el liderazgo ¿cómo ha cambiado? ¿Cuáles son los estudios más significativos? ¿Necesitamos comprender estos conceptos para hablar más apropiadamente sobre ellos? Creemos que sí.

A continuación, hacemos una corta revisión sobre el desarrollo del concepto de liderazgo. Si usted no desea leer estos aspectos teóricos, siéntase libre de pasar, directamente a leer sobre "La Escalera del Liderazgo", en la siguiente sección.

Sin embargo, antes de introducirnos en los enfoques de liderazgo, es necesario establecer varios aspectos que pueden darnos claves para entender mejor el liderazgo y responder las preguntas iniciales. Primero, el liderazgo no es un punto de llegada, en un proceso continuo de desarrollo que está afectado por el contexto y los cambios en el mismo. Segundo, el liderazgo es un proceso social complejo, por ello no puede ser resumido en los comportamientos del líder, sino que debe ser visto en relación con los comportamientos de los colaboradores y con las características del contexto. Tercero, ser o no ser líder es una escogencia personal, aunque en ocasiones, la asunción de la posición de líder puede ser forzada por variables del entorno. Cuarto, el liderazgo está asociado al cambio, sea este a nivel familiar, comunitario, organizacional o social. Y por último, aunque para nosotros el supuesto más importante, el liderazgo es una actividad que debe estar, aunque no siempre ha sido así, enfocada en el bienestar social, el de todas las personas.

En un principio, los estudios sobre liderazgo se centraron en las características de los líderes. Se planteaba que éstos eran individuos que tenían características especiales, que poseían, inclusive, desde el momento del nacimiento. Se pensaba que algunas personas tenían ciertas características, físicas y de carácter, que cuando se desarrollaban, las convertían en líderes. Basados en esta creencia, quizás muchos afirmaban que los líderes nacían, o lo que en una forma más coloquial decían otros: hay personas que tienen el tipo de un líder.

Este foco de estudio fue abandonado después de analizar los elementos externos que hacían a un líder efectivo o inefectivo. Se pensaba que los líderes eran producto de la interacción entre las características personales y el ambiente, y que en muchas ocasiones, era el ambiente el que hacía que una persona emergiera como líder.

Posteriormente, el liderazgo fue estudiado como un grupo de comportamientos que practicaban las personas, y que dependiendo de cuáles exhibían, las definían como líderes o no.

Recientemente, se ha estado examinando cómo los líderes crean un foco simbólico o una visión de grupo, que está íntimamente relacionada con el desarrollo del grupo social u organización en la cual el líder se encuentra.

Podemos afirmar, de manera resumida, que los enfoques del liderazgo han considerado:
- Los rasgos o atributos personales.
- El comportamiento y los roles (efectividad vs no efectividad).
- El poder y los procesos de influencia entre líder y seguidores.
- La situación y los factores del contexto que actúan sobre el liderazgo y que moderan la relación del líder y el seguidor.
- Las transacciones y transformaciones que el líder hace con sus colaboradores.
- Los grupos de decisiones y el liderazgo en grupos.

Para entender el liderazgo es necesario tener una comprensión teórica sobre el tema y saber cómo se aplica en situaciones de nuestra vida. Aprender sobre la naturaleza del liderazgo es fundamental para entender quiénes son y quiénes no son líderes, y para desarrollar habilidades personales como líder. Por ello, creemos necesario hacer una corta revisión de los estudios sobre el desarrollo del liderazgo y cómo éste ha cambiado en los ámbitos socio-organizacionales. Así mismo, creemos que sería un buen ejercicio de reflexión, colocar a personas que ustedes conozcan, o con quienes han convivido, en las diferentes categorías, que se mostrarán en esta corta revisión histórica sobre el liderazgo.

El liderazgo existe en toda situación organizacional o social, y porque éstas son diferentes, el liderazgo es percibido de manera distinta. Es importante entender que lo que percibe cada persona constituye su realidad. No somos lo que creemos ser, sino lo que la gente cree que somos. Considerando esta premisa podemos entender porqué el liderazgo ha sido definido de manera tan variada. Algunas de estas definiciones, en forma resumida incluyen:

- Comportamiento para dirigir (Hemphill y Coons, 1957).
- Influencia interpersonal usando la comunicación (Tannenbaum, Wescheler y Massarik, 1961).
- Iniciación y mantenimiento de estructura (Stogdill, 1974).
- Uso de estímulos comunicacionales para afectar estructuras cognitivo-perceptuales (Yura, Ozimek y Walsh, 1976).
- Influencia más allá del cumplimiento de rutinas (Katz y Kahn, 1978).
- Proceso para influenciar las actividades (Rauch y Behling, 1984).
- Proceso de proveer dirección al esfuerzo colectivo (Jacobs y Jaques, 1990).
- Transformación de los colaboradores hacia altos niveles de desarrollo ético y moral (Bass y Avolio, 1994).

Algunas formas comunes de definir el liderazgo, ampliamente utilizadas hoy en día, incluyen lo que Sargent y Miller, en 1971, describieron como líder autocrático, líder democrático y líder *laissez faire*. El líder autocrático se caracteriza por ordenar, premiar, castigar y criticar; con una tendencia a desarrollar malas relaciones con los subordinados y con una orientación hacia la producción y la obtención de resultados, sin considerar la individualidad de las personas. El líder democrático estimula la participación, sugiere, provee soporte, promueve la autodisciplina y evita la crítica no constructiva; tiende a tener buenas relaciones con los subordinados y está orientado hacia la producción y el bienestar del grupo. El líder *laissez faire* se caracteriza por dejar que el grupo se dirija y por una tendencia a tener relaciones neutras con los subordinados.

¿Le gustaría, en este punto, identificar algunos líderes con los estilos descritos anteriormente?

Estos estilos de liderazgo producen respuestas diferentes en los seguidores, así, por ejemplo, la satisfacción de las personas y su productividad es mayor con líderes democráticos y luego con líderes *laissez faire*. La eficiencia y productividad son mayores con los líderes autoritarios que con los democráticos, mientras el líder está presente. La hostilidad y la agresión son mayores con los líderes autoritarios que con los democráticos y *laissez faire*. El disgusto no evidente es mayor con los líderes autoritarios que con los democráticos. La dependencia e individualidad son mayores con los líderes autoritarios que con los democráticos. El compromiso y la cohesión están más presentes con los líderes democráticos que con los autoritarios y *laissez faire*. La independencia y la creatividad son mayores con los líderes democráticos que con los *laissez faire* y autoritarios.

El liderazgo autocrático parece ser adecuado cuando las tareas requieren cumplimiento de procedimientos, bajo compromiso o iniciativa, rutinas altamente estructuradas o muy simples; cuando el líder tiene mucho más conocimiento que los colaboradores, cuando los grupos son muy grandes y cuando hay poco tiempo para completar la tarea.

El liderazgo democrático parece ser adecuado cuando las tareas son complejas, requieren diferentes puntos de vista, participación, creatividad y compromiso con las decisiones.

Por último, el liderazgo *laissez faire* parece ser adecuado cuando el personal es altamente competente y está motivado, y cuando las tareas no impliquen interdependencia.

Los estudios sobre liderazgo también se basaron en la orientación que poseían los líderes hacia las tareas propias de las personas en situaciones laborales y hacia las relaciones interpersonales. Los líderes orientados hacia las tareas se caracterizaban por iniciar la formación de estructuras y preocuparse, principalmente, por la producción.

Los líderes orientados hacia las relaciones interpersonales se caracterizaban por ser considerados con el personal y preocuparse por ellos.

Adicionalmente, los líderes más interesados en las personas se caracterizaron por diseminar información, solicitar opiniones, reconocer los puntos de vista de otros, tener un estilo de conversación flexible, escuchar cuidadosamente, solicitar y preguntar, focalizarse en actitudes y necesidades del personal, enfatizar la productividad a través de la motivación, usar preferentemente la comunicación oral y mantener una política de "puerta abierta".

Por otra parte, los líderes más preocupados por el cumplimiento de las tareas se caracterizaron por ignorar los puntos de vista de las personas, usar un estilo rígido de conversación, interrumpir a las personas, demandar y exigir, focalizarse en hechos y datos asociados a la tarea, enfatizar la productividad a través del entrenamiento técnico, emplear preferentemente la comunicación escrita y mantener una política de "puerta cerrada".

Inicialmente, los estudios de la Universidad de Michigan (años 50) consideraron el liderazgo como un *continuum* que iba desde la *orientación hacia la producción* hasta *la orientación hacia los empleados*. Esta concepción fue luego reconsiderada, cambiándose por dos dimensiones de liderazgo. La dimensión orientación hacia la producción incluyó características tales como: focalización en logro de las tareas, procedimientos técnicos, planificación y organización. La dimensión orientación hacia los empleados incluyó características como: focalización en el bienestar del personal, motivación y desarrollo del personal.

Simultáneamente, los estudios de la Universidad del Estado de Ohio (años 50) definieron dos dimensiones: consideración e iniciación de estructura. La dimensión consideración contenía aspectos tales como: orientación interpersonal, expresión de afecto, opiniones, sentimientos e ideas y un ambiente de trabajo amigable. La dimensión iniciación de estructura incluía: preponderancia del logro de las tareas, iniciación de acciones, organización y asignación de las tareas y determinación de estándares de ejecución.

Nuevamente, quisiéramos que hiciera una pausa para pensar en personas que tienen una orientación hacia la gente, hacia la producción, o hacia ambas ¿Las puede identificar?

Douglas McGregor, en 1960, desarrolló la Teoría X y Y, basada en las creencias que tienen los gerentes sobre las personas. Aunque ésta posee mayor aplicabilidad en situaciones gerenciales, sus postulados pueden proyectarse hacia las concepciones que tienen los líderes en relación con sus seguidores. En la dimensión X, McGregor establece que muchos gerentes consideran que el personal tiene aversión hacia el trabajo, y por ello el gerente, o el líder, obliga, controla, dirige, amenaza y castiga; al tiempo que asume la carga del desempeño de sus subordinados. La dimensión Y señala que muchos gerentes consideran que el personal completa el trabajo de acuerdo con sus necesidades y motivaciones; y por ello, el gerente o el líder retan, comprenden y liberan motivos; al tiempo que se preocupan por conocer a sus subordinados y proveerles las oportunidades necesarias.

Paralelamente, los gerentes o líderes, con una concepción X, piensan que a las personas les disgusta el trabajo y lo evitarán cuando sea posible; que los métodos coercitivos (amenazas, control y dirección) son los mejores para lograr la mayor productividad del personal; que a la gente le gusta que la controlen y supervisen y necesita que le digan qué y cómo hacerlo; y que las necesidades individuales no son preocupación de la gerencia, sólo lo son las organizacionales.

Por otra parte, los gerentes o líderes con una concepción Y piensan que el trabajo es una fuente de satisfacción y que las personas lo ven como una actividad natural; que el compromiso y el orgullo de ser parte de la organización son fundamentales para la productividad; y que a la gente le gusta saberse responsable de sus actividades, quiere participar y crear al realizar sus tareas. Para estos gerentes las necesidades personales y organizacionales son fundamentales.

¿Puede identificar líderes con una tendencia Y o con una tendencia X? ¿Con cuál de estas dos concepciones se identifica usted?

En 1961, Tannenbaum, Wescheler y Massarik plantearon lo que creemos es una visión más sistémica del liderazgo, al establecer que en una situación de liderazgo deben considerarse las variables relacionadas con el líder, los seguidores y la situación. Las personas se convertían en líderes porque el ambiente y la gente actuaban de manera que facilitaba su conversión, y porque escogían actuar como líderes.

Blake y Mouton, en 1964, desarrollan la red gerencial, pues consideran que el liderazgo está basado en la motivación del personal y las relaciones socio-emocionales, y en la producción y la realización de las tareas. Estas dimensiones son similares a las señaladas en los estudios de la Universidad de Michigan y la Universidad de Ohio.

Los estudios situacionales tomaron en cuenta los factores contextuales, incluyendo a los seguidores, como elementos fundamentales que influían en la actuación de los líderes. Dentro de este grupo de estudios, creemos pertinente revisar los puntos de vista de las teorías de liderazgo contingente, camino-propósito, y el enfoque situacional.

La teoría de liderazgo contingente de Fiedler (1967), está basada en tres variables fundamentales: poder del líder sobre el subordinado, estructura de la tarea (propósitos establecidos, variación en los métodos de trabajo, características de producto resultante del trabajo y existencia de mecanismos de verificación) y relaciones líder/subordinado (buenas y malas). Adicionalmente, Fiedler establece que los líderes adoptan dos estilos básicos: preocupación por las tareas y preocupación por la gente. Además, encontró que las buenas relaciones entre el líder y los subordinados tenían consecuencias en aspectos tales como: lealtad, afecto, confianza y respeto. Mientras que las malas relaciones producían baja motivación y poco compromiso.

La teoría del camino-propósito considera que la motivación para la productividad aumenta cuando el personal piensa que el logro de la tarea es un paso para un propósito que considera valioso. En este enfoque, los líderes pueden ser: directivos, apoyadores, promotores de la participación y orientados al logro.

El liderazgo situacional de Hersey y Blanchard, a finales de los 70, plantea que los gerentes o líderes muestran dos dimensiones fundamentales, las cuales son similares a las estudiadas por las universidades de Michigan y Ohio: preocupación por la gente y preocupación por el trabajo, y que éstas se encuentran relacionadas con la madurez de las personas. Ellos plantean que estas dimensiones, cuando guardan relación con la madurez del grupo, se traducen en cuatro estilos de liderazgo, ellos son: participativo (comparte ideas y facilita las toma de decisiones compartida), persuasivo (explica las decisiones y proporciona oportunidad para clarificarlas), delegativo (descarga la responsabilidad para decidir e implementar decisiones), e instructivo (da instrucciones específicas y supervisa la ejecución). Estos estilos se relacionan con la madurez del grupo comprendida en dos factores: motivación y competencia; las cuales pueden combinarse en alta madurez (alta motivación y competencia), moderada madurez (alta motivación, baja competencia o baja motivación y alta competencia); y baja madurez (baja motivación y baja competencia).

¿Cuáles líderes puede usted identificar con los estilos descritos? ¿Cuáles elementos situacionales puede usted identificar en su trabajo? ¿Cuán maduros considera usted son los miembros de las organizaciones a las que pertenece o ha pertenecido? ¿Cuán maduro, usando la definición de Hersey y Blanchard, se considera usted?

Más recientemente, los estudios de liderazgo conducidos por James McGregor Burns (1978), Bennis y Nanus (1985), y

Bass y Avolio (1994), entre otros, han creado una nueva visión del liderazgo, que la diferencia de los enfoques anteriores y la mueve hacia la consideración de otros macro elementos tales como:
- Articular una misión.
- Incrementar el compromiso del colaborador.
- Incrementar el esfuerzo del colaborador.
- Incrementar la calidad y productividad.
- Incrementar la producción.
- Facultar (*empower*) al colaborador.

Estos investigadores han considerado el liderazgo dentro de organizaciones y en contextos sociales amplios, tomando en cuenta lo que hacen los líderes, cómo lo hacen, porqué lo hacen, y las relaciones entre los diversos factores que actúan en una situación. Ello provee una visión más sistémica al estudiar al líder y al liderazgo.

Esta corta, nada exhaustiva, revisión teórica puede servirle para conocer el liderazgo y los estudios fundamentales que lo han caracterizado, desde nuestro punto de vista, y que han contribuido a su desarrollo en las organizaciones. Esperamos que los capítulos que se presentan a continuación sean de su agrado y le permitan reflexionar sobre el liderazgo y los líderes, en su situación particular.

## La Escalera del Liderazgo

Escribir sobre liderazgo sigue siendo un reto, especialmente ahora que los cambios sociales ocurren de manera vertiginosa, y el liderazgo como fenómeno social no escapa a esos cambios. El liderazgo es uno de los procesos sociales más discutido, pero quizás uno en los que menos acuerdo existe. Todas las personas hablan de liderazgo y de líderes, las personas saben o creen saber lo que es, identifica y cataloga a los líderes. Sin embargo, aun hoy muchas preguntas sobre liderazgo, siguen siendo el foco de atención de muchas actividades relacionadas con el desarrollo del liderazgo. Preguntas que nos hacen en talleres y en seminarios sobre liderazgo. Preguntas que estamos seguros usted se las ha hecho; por ello, quisimos comenzar con ellas, para que al final de su lectura, reflexionen usando como base los conceptos presentados en este libro y su experiencia, y las responda. Algunas de las preguntas más frecuentes son:

¿El liderazgo surge en forma espontánea o se desarrolla?
¿Los líderes nacen los o se hacen?
¿Cuáles son las estrategias que un líder debe implementar para lograr el cambio organizacional?
¿Cómo saber cuándo estas frente a un liderazgo exitoso?
¿Cuáles son las características de un líder efectivo?
¿Puede un líder autocrático ser exitoso en su organización?
¿Cómo enfrentar a los líderes negativos?
¿Cómo desarrollar el liderazgo en la globalización?
¿Cómo influir en la actitud de las personas con quien trabajamos?
¿Cómo motivar al personal en situaciones adversas?
¿Cómo canalizar el liderazgo hacia el bienestar general y no hacia el personal?
¿Qué herramientas puede usar un líder para crear un ambiente agradable, solucionar problemas y sobre todo promover el trabajo en equipo?
¿Cómo se lograr la empatía entre el líder y el equipo de trabajo?
¿Cómo actuar frente a un líder que no asume sus responsabilidades?

Al escribir sobre el Liderazgo Transpersonal y La Escalera del Liderazgo estás preguntas continuaron resonando en nuestras cabezas, y aún hoy pensamos, al escuchar que muchas personas dicen que Hitler fue un líder y Jesucristo también, porqué la concepción de liderazgo como un proceso social que busca el bienestar duradero de las personas no está instalado en la mente de la gente. Seguimos teniendo en nuestras mentes contradicciones, filosóficas y prácticas; creemos que quizás una de las razones del porqué surgen supuestos líderes en diversos grupos extremistas, barbaros y destructivos es porque aún no sabemos, no entendemos, lo que es el liderazgo. ¿Qué está pasando que en nombre de la religión o de la pertenencia a un grupo étnico se están destruyendo vidas? ¿Será que algunas personas ven en esos supuestos líderes lo que siempre desearon ser y nunca fueron? ¿Será que para algunos es más fácil lograr lo que nunca alcanzaron proyectándose a través de esos supuestos líderes? Sean cuales sean las respuestas, creemos que si llegamos a esta situación fue porque fallamos en desarrollar una conciencia clara de lo que es el liderazgo y lo que ello significa dentro del ámbito social y humano. Creemos, que este libro es una oportunidad para que construyamos una idea sobre lo que es un liderazgo socialmente apropiado, que busque el bienestar de todos. Creemos que es necesario diferenciar claramente, en nuestras mentes, lo que es liderazgo y lo que no es, lo que es líder y lo que no es; y por ello, retomamos, la pregunta que nos hacíamos en la primera edición de nuestro libro ¿Quién puede afirmar que las manzanas y las peras provienen del mismo árbol?

Hablar de Liderazgo Transpersonal es dejar fluir la conciencia sin direccionalidad, lo que algunas personas podrían pensar que es inadecuado. Sin embargo, nos dimos cuenta de que ello no es indeseable cuando encontramos que nos ayudó a entender lo que queríamos expresar. Nuevamente, experimentamos que la no direccionalidad no era tal, sino más bien un proceso que nos movía de la experiencia propia, a la experiencia de otros y a la teoría sobre el liderazgo y los líderes. "El Liderazgo Transpersonal y La Escalera del Liderazgo" fueron el producto de la experiencia y un proceso inductivo-deductivo que en nuestras mentes sucedía al confrontar los eventos sorprendentes o ilógicos del quehacer de los "líderes" y al tratar de entender los eventos cotidianos, locales o mundiales, percibidos personalmente o a través de experiencias vicarias, que los "líderes" han y continúan protagonizando. Tiene que ver con la concientización de que no todo el que dirige es líder y con la búsqueda de respuestas en lo referente a qué es el liderazgo y quiénes son los "verdaderos" líderes. Esperamos que cuando finalicen la lectura, sus ideas sobre lo que es el liderazgo transpersonal estén más claras.

Nuestras consideraciones están basadas en las diferentes experiencias obtenidas a través de talleres, seminarios y cursos dictados a más de setecientos líderes de organizaciones sociales, de salud, de manufactura, educativas y de servicios, entre otras. "El Liderazgo Transpersonal y La Escalera del Liderazgo Transpersonal se desarrollan como un intento por explicar las distintas concepciones existentes sobre los líderes en contextos sociales y organizacionales. Especialmente, aquellas en las cuales se coloca a diferentes personas, quienes han realizado obras que pueden ser catalogadas como socialmente deseables o indeseables, a la luz de los desarrollos socio-históricos, dentro de la categoría de líderes. Es así como, personajes como Hitler, Napoleón Bonaparte, Simón Bolívar, Fidel Castro, Jimmy Carter, y muchos más que pueden ustedes tener en mente en este momento, son considerados, por algunas personas, como líderes, mientras que son vistos por otros como tiranos o bárbaros.

El problema fundamental es que cuando colocamos a todas estas personas dentro de la misma categoría, es decir, los consideramos a todos líderes, estamos viendo el liderazgo de una manera simplificada y hasta disminuida en cuanto a su dimensión social. Pues, creemos que son líderes todos aquellos que han movido a grupos de personas en una dirección considerada adecuada, por razones sociales o personales. Esta noción hace que se vea disminuido nuestro rol social, al dejar, consciente o inconscientemente, en manos del líder la responsabilidad o la tarea de dirigir nuestras acciones, las de la organización, las de la comunidad o las de la sociedad o país en el que vivimos. Al aceptar esta concepción del liderazgo, renunciamos a nuestro papel dentro de la dinámica social y nos convertimos en seguidores de las "órdenes" dadas por una persona, en quien, por desconocimiento o por comodidad, delegamos nuestra capacidad para decidir; renunciamos a nuestra capacidad para discernir y hacer valer nuestro punto de vista.

El liderazgo, definido únicamente como capacidad para influir sobre otros, coloca en una misma categoría a aquellos que han actuado pensando en la sociedad, en su bienestar y en el desarrollo de sus integrantes, y a los que han actuado movidos por intereses personales, ególatras, sin considerar el bienestar social y el desarrollo de sus semejantes. Adicionalmente, esta concepción del liderazgo, perpetúa la idea de superiores e inferiores, líderes y seguidores, conocedores e ignorantes; ya que de una manera u otra, plantea que alguien sabe lo que hay que hacer y las personas deben aceptar, sin criticar, lo que se les dice que deben hacer. Por supuesto, dentro de estos extremos, hay tonalidades en cuanto a posibilidad de participación de los "seguidores" en las decisiones del líder. En un extremo, están aquellos "líderes" que no aceptan sugerencias de sus seguidores, convirtiéndose en verdaderos dictadores en sus contextos (familia, comunidad o país); en tiranos que no aceptan otros puntos de vista y pueden llegar incluso a atentar contra la integridad física de quienes no actúan como ellos lo desean. El liderazgo, dentro de un esquema de influencia, implica también que el propósito está subordinado al líder y que los "seguidores" deben girar alrededor de los deseos del líder. En otro extremo están aquellos que consideran que el ser humano y su desarrollo personal y social son el fundamento del proceso de liderazgo, quienes no ven a los demás como sus seguidores, sino como parte de un proceso de cambio, en el cual todos son colaboradores y partícipes activos.

Un esquema de liderazgo transpersonal social requiere que el líder y los colaboradores giren, y estén supeditados al propósito que la organización o la sociedad haya decidido como deseable. En este sentido, este tipo de liderazgo está en consonancia con la democracia como forma político-social, en la cual el bienestar y la participación de todos los que conforman la sociedad son fundamentales. Estamos seguros de que bajo esta óptica, no todos los llamados líderes, pueden ser colocados dentro de la misma categoría. Se hace necesario definir y determinar lo que estas personas representan - en un contexto más amplio y complejo que la sola consideración de la influencia - qué procesos y productos sociales desarrollaron, qué efectos causaron en sus seguidores y qué impacto produjeron en un entorno que va más allá del inmediato.

La Escalera del Liderazgo Transpersonal es el resultado del análisis de diferentes teorías y enfoques, de la revisión de la actuación de algunas personas consideradas líderes, y de las experiencias en múltiples talleres de desarrollo de liderazgo, con diferentes tipos de participantes, provenientes de organizaciones públicas y privadas, con y sin fines de lucro. Es una aproximación teórica que puede ayudar a colocar a los líderes, dependiendo de sus comportamientos, en un determinado estadio de desarrollo del liderazgo. La Escalera del Liderazgo Transpersonal, de alguna manera, ayuda a valorar a los líderes, de acuerdo con sus acciones. Con ella pretendemos que cada quien, después de analizar nuestro punto de vista, coloque a los llamados líderes, en el estadio de desarrollo al cual pertenecen.

La Escalera del Liderazgo Transpersonal comprende cinco escalones o estadios que describen el desarrollo del líder desde una perspectiva social y que responden a teorías y enfoques del liderazgo que se han sucedido en las últimas décadas. Los escalones o estadios incluyen: (1) ejercer influencia sobre las personas; (2) influir apelando a principios éticos y morales; (3) promover y facilitar el desarrollo de las personas y de la organización; (4) poseer y actuar con una orientación socio-céntrica; y (5) poseer y actuar con una orientación global y ecológica. Analizaremos todos los escalones de la Escalera del Liderazgo en cada sección del texto. Finalmente, arribaremos al tope de la misma: el Liderazgo Transpersonal.

## La Escalera del Liderazgo Transpersonal

Actuar global y ecológicamente

Actuar socio-céntricamente

Promover el desarrollo de las personas

Influir con principios éticos y morales

Ejercer Influencia

"El liderazgo no es una personalidad magnética fluente al hablar. No es "hacer amigos y e influir sobre las personas", lo cual es halagador. Liderazgo es llevar la visión de las personas a los niveles más altos, es llevar la ejecución y el rendimiento de las personas a los más altos estándares, es la construcción de una personalidad más allá de sus limitaciones normales".

Peter F. Drucker

## 1. Ejercer influencia sobre las personas

El primer escalón, de la escalera del Liderazgo Transpersonal, está relacionado con la habilidad de la persona para mover a otros en una cierta dirección. Tiene que ver con la capacidad de hacer que la gente haga lo que el líder piensa debe ser hecho. En este escalón, no se establecen juicios de valor sobre los medios o mecanismos de los cuales se vale el líder para alcanzar los objetivos. Igualmente, no se consideran juicios de valor sobre las razones que tiene el líder para mover a la gente. Pueden estar relacionados con un punto de vista egocéntrico o socio-céntrico, con propósitos altruistas o no, con procesos o resultados pro-sociales o personales. En síntesis, el primer escalón lo que plantea es que los líderes son individuos que ejercen influencia sobre otros. Es en este escalón donde podemos colocar, indistintamente, a personas como Adolfo Hitler, Fidel Castro, Winston Churchill, Napoleón Bonaparte, Simón Bolívar, y Juan Pablo II, entre otros. Todos ellos poseen algo en común, han ejercido o ejercen influencia sobre otros.

Ejercer influencia sobre otros se relaciona directamente con lo que en los años 60 y 70 se consideraba como liderazgo. Es de aquí, de donde se han derivado definiciones tales como líderes positivos y líderes negativos, para categorizar a unos u otros dependiendo de los resultados de su influencia. Es en este escalón donde se generan las discusiones más cruentas en cuanto a si Hitler, aunque causó grandes males al mundo y a sus seguidores, puede dejar de ser llamado líder, y es aquí donde se produce la fácil salida para explicar que Cristo, Fidel Castro y La Madre Teresa son igualmente líderes, y que el liderazgo es relativo y depende de la sociedad en donde el líder se desarrolle como tal.

Nos permitimos una desviación del asunto fundamental de este capítulo, porque consideramos que el liderazgo está íntimamente relacionado con el bien de los "liderados", con el respeto a otros y con la consideración de la diversidad en todas sus manifestaciones, sea esta diversidad de razas, de pensamiento, de creencias y de puntos de vista. Esto coloca al liderazgo dentro de un contexto mucho más amplio, que aquel de quien disiente si uno u otro es un líder, porque lo fueron en sus familias, comunidades o países, aun cuando causaron daño a otros que no estaban en su entorno inmediato. En otras palabras, la consideración de un contexto amplio, global, nos coloca en una situación mucho más compleja para definir y considerar al individuo como líder. En términos concretos, un contexto más amplio puede ser la comunidad vecina, u otro país. Si hablamos en términos de organizaciones, puede ser otras organizaciones, o la comunidad donde la organización opera.

Ejercer influencia sobre otros, como proposición para definir el liderazgo y defender la ubicación de diferentes personas dentro de la categoría de líderes, desde nuestro punto de vista, es una simplificación de su definición y del rol social del líder. Puede servir para una discusión en un contexto social, mediático o simplificado sobre qué es el liderazgo y quién es líder. Pero no explica la verdadera esencia del liderazgo, que es influir a favor del bienestar de las personas, durante el proceso de influencia y como resultado del mismo. En este punto, nos permitimos hacerle dos preguntas cuyas respuestas creemos, debe mantener en mente para continuar ascendiendo en la Escalera: ¿A quiénes de los que usted considera líderes ubicaría en este escalón? ¿Cómo catalogar a aquellos líderes que influyeron sobre otros para que realizaran procesos en contra de otras personas?

La influencia, tanto desde el punto de vista común, como desde el punto de vista académico, es un elemento clave del liderazgo. Sin embargo, lo que no es muy común es saber ¿Cómo los líderes la ejercen sobre sus seguidores? ¿Es la capacidad para ejercer influencia condición suficiente para que un individuo sea llamado líder? y ¿Cómo los líderes la han ejercido sobre nosotros?

**Formas de ejercer influencia**

La influencia está relacionada con mover a las personas en una dirección. Tendemos a decir que un individuo influye sobre otro, cuando logra que el otro haga lo que el primero quiere. Es normal escuchar a las personas decir: Hitler fue un líder porque influyó en un gran un número de co-nacionales, ellos hicieron lo que él quería, en este caso exterminar a millones de personas durante la guerra. La influencia tiene que ver con movimiento, con la acción, consciente o inconsciente, que una persona emprende cuando se le pide que la emprenda. En este sentido, la influencia puede lograrse de diferentes maneras, usando distintas tácticas. Las tácticas presentadas a continuación se basan en los trabajos de Yukl, in 1994, descritos en su libro *Leadership in Organizations*, quien estableció que las tácticas de influencia incluyen las acciones que los líderes emprenden, de manera consciente o inconsciente, para mover a las personas en la dirección deseada. Las tácticas de influencia, que presentamos, sin pretender agotar otras formas, que quizás ustedes hayan ejercido o que hayan sido ejercidas sobre ustedes, incluyen: persuasión racional, persuasión emocional, consulta, conquista, interés personal, intercambio, coalición, legitimación y presión.

*Persuasión Racional*

La persuasión racional se manifiesta cuando se utilizan argumentos lógico-racionales y evidencias para hacer que las personas se muevan en una determinada dirección. El uso de esta táctica supone que el líder tome en cuenta factores y elementos que son considerados como lógicamente valiosos o deseables, por razones de utilidad o de definición social por los seguidores. El líder se vale de argumentos que son "objetivamente" compartidos por la mayoría, reduciendo, de esta manera, la posibilidad de discusión o de atender a otros elementos humanos, por parte de aquellos sobre quienes quiere influir. La persuasión racional implica, en la sociedad occidental, una forma fundamental de tomar decisiones y una piedra angular para la definición de la actuación de las personas.

La persuasión racional está estrechamente relacionada con el pensamiento occidental aristotélico. De esta táctica se desprende que lo que es lógico es adecuado, lo cual consecuentemente, le provee una apariencia deseable. No obstante, cabe decir que la lógica basada en análisis de unos pocos elementos deja fuera la complejidad, y la existencia de una red de relaciones que pueden operar en los eventos sociales, dentro de los cuales se enmarca el liderazgo.

La consideración de la lógica, simplificada como un proceso lineal de definición de elementos fundamentales que deben ser tomados en cuenta para decidir, deja fuera las interrelaciones y las características recurrentes, de avance y retroceso, que implica el proceso de liderazgo. No obstante, la persuasión racional como táctica para influir funciona adecuadamente, cuando el líder hace que los elementos considerados parezcan los fundamentales o definitivos, o cuando los seguidores sobre simplifican, a veces por desconocimiento, la operación de dichos eventos. Al usar la persuasión racional muchos líderes argumentan que la pérdida de un número de personas en batalla está dentro de los límites aceptables, porque en términos de costos y supuestos beneficios, dicha pérdida se justifica.

Es importante preguntar ¿Ha conocido decisiones de líderes que basados en esta "lógica" hayan llevado a resultados no deseados? Cuando se utilizan argumentos lógicos-racionales ¿Estamos seguros de qué se han considerado todos los factores involucrados? ¿Es la persuasión racional lo "ampliamente racional" como para haber considerado los diferentes puntos de vista lógicos de los involucrados? ¿Es la racionalidad del líder la racionalidad de sus seguidores o de los afectados por la decisión? Estas preguntas conducen a un punto que revisaremos más adelante y que tiene que ver con la múltiple intervención de los involucrados en los procesos lógico-racionales para tomar decisiones. Igualmente, creemos que la persuasión racional aunque se reviste de una "objetividad", que en la mayoría de los casos es sólo aparente, puede no ser tan objetiva como se cree. No en balde, muchas personas han establecido que: la objetividad está en el ojo de quien la argumenta.

*Persuasión Idealista*

La persuasión idealista es llamada por algunos autores persuasión emocional; es una táctica de influencia que se relaciona con el uso de valores, ideales y aspiraciones de los seguidores, con el fin de convencerlos sobre la necesidad de tomar algún curso de acción. La persuasión idealista mueve los argumentos al campo de lo que las personas, por razones culturales, sociales o personales, consideran valioso y deseable. El uso de esta forma de persuasión supone que el líder conoce y apela, a lo que las personas consideran son sus principios o valores rectores, usándolos con el fin de convencerlos de su idea o su propuesta.

El uso de la persuasión idealista se mueve fuera de lo aparentemente objetivo, hacia lo que se cree produce bienestar; aun cuando, en muchos casos, las personas no hayan comprobado, concretamente, el beneficio que producen dichos ideales o valores. Por ejemplo, el uso de elementos de nacionalismo, cuando el mismo no haya sido ampliamente practicado por el líder, para amalgamar a un grupo contra un supuesto enemigo común, es una forma de usar la persuasión idealista. En este punto, sería interesante pensar ¿Cuáles líderes, por usted conocidos, han utilizado el "nacionalismo" como bandera para lograr sus fines?

La persuasión idealista, en su presentación más baja, es la que usan muchos líderes "carismáticos" para mantenerse en el poder y para asegurarse un grupo de seguidores que actúe de acuerdo con su deseo. En su forma más pura y deseable tiene que ver con el líder, quien con principios fundamentalmente éticos y morales, socialmente compartidos, usa argumentos para mover a sus colaboradores en una determinada dirección. La persuasión idealista está directamente relacionada con la cultura, vista ésta como filosofía, credos, valores, principios y formas de actuar que tiene un grupo social. El líder que utiliza esta forma de persuasión para mover a sus seguidores, identifica esos elementos y se vale de ellos para lograr sus fines.

La literatura del liderazgo está colmada de historias donde el líder ha usado la persuasión idealista como principal mecanismo, o combinado con otras formas de persuasión, para hacer que la gente haga lo que él quiere. El caso de Hitler es un ejemplo de ello. Llamar la atención sobre la reconstrucción del país, argumentado un mejor estándar de vida, lo cual es lógico y racional; y llamar a un ideal de raza superior en la cual sólo los arios eran parte de ella, o un nacionalismo *per se*, independientemente de los resultados, muestra esta perniciosa combinación. Las consecuencias del uso de esta forma de persuasión y su aceptación por parte de los seguidores son graves y, a veces, tienen efectos letales, en la medida en que los seguidores no estén preparados para manejarlas, estén disminuidos en su auto concepto, estén en situaciones de dramática escasez o no tomen en cuenta el valor de otros y de los efectos de las decisiones en quienes pueden pensar de manera diferente.

La persuasión idealista, como forma fundamental de persuasión, es lo que ha caracterizado a líderes que se han erigido en tiranos con el paso del tiempo. Resulta interesante ver cómo en los países menos desarrollados es donde aparecen los líderes carismáticos y donde los ideales y seudo valores son esgrimidos como justificación para determinadas formas de actuación por parte de muchos "líderes". Las guerras santas, el ataque a vecinos y la destrucción de grupos étnicos fueron justificados a través de supuestos ideales. En estos casos, los líderes usaron la persuasión idealista como táctica para mover a las personas en una determinada dirección, comprobándose, con el paso del tiempo, un resultado antisocial. En Latinoamérica y en muchos países subdesarrollados, abundan los ejemplos de este tipo de seudo-liderazgo, surgido en los terrenos fértiles de países en crisis a causa de la falta de atención de las necesidades básicas de la población.

*Consulta*

La consulta como táctica de influencia está basada en el supuesto de que la participación hace que las personas se muevan de una manera voluntaria y motivada hacia la realización de las actividades que el líder propone. La consulta es una táctica que implica que los involucrados en la acción u objetivo que se quiere alcanzar, intervengan en el diseño de los procesos y procedimientos tendentes a ello. Los líderes que usan la consulta como táctica de influencia demuestran respeto por los colaboradores, al tiempo que reconocen que en la diversidad de opiniones hay un potencial de logro y eficiencia, en el largo plazo, mucho mayor que en los casos en que la decisión es tomada por el líder.

El líder que consulta para influir logra, como valor agregado, el desarrollo de sus colaboradores, al tiempo que demuestra el valor de la participación, y por ende de la democracia en el proceso de liderazgo. Adicionalmente, en situaciones de alta complejidad, donde hay multiplicidad de factores interviniendo, como lo son los eventos actuales, la consulta se constituye en un recurso para alcanzar efectivamente las metas, implementar estrategias o llevar a cabo procesos de cambio.

Los líderes, dependiendo de su concepción democrática, pueden usar diferentes formas de consulta: la consulta amplia, directa y distribuida entre todos los involucrados en la acción que se quiere que las personas emprendan. Ésta es la más democrática y participativa; y la consulta a los representantes de los grupos de colaboradores, con lo cual se adopta una posición democrática-representativa. En cualquiera de los casos, se obtienen diferentes formas de participación y compromiso. No obstante, hay ocasiones en que la consulta limitada a un pequeño grupo es adecuada, por razones de tiempo o costos. Sin embargo, lo importante es que el líder considere que en la medida en que haya más participación en la consulta, su capacidad de influencia se ve incrementada.

La consulta es ampliamente usada por líderes que desean el desarrollo de sus colaboradores. Ella implica el reto de las ideas de los consultados, al tiempo que garantiza la identificación con la decisión tomada. Aquellas situaciones en que la consulta es limitada a un grupo inmediato, cercano al líder, tienen el potencial de rechazo o de baja participación por parte de los colaboradores. Cuando el líder tenga que usarla, restringida a dichos grupos, debe asegurarse de explicar el qué, el cómo, y especialmente el porqué deberá tomarse la acción que emprendan los colaboradores, si desea influir adecuadamente en ellos.

La consulta, como táctica de influencia, debe ser concebida como un proceso en el cual las sugerencias e ideas de los seguidores serán tomadas en cuenta y puestas en práctica cuando la acción lo requiera, para evitar la frustración de los colaboradores y el distanciamiento entre el líder y los colaboradores.

*Conquista*

La conquista es una táctica de influencia que se basa en el uso del elogio, la adulación y la conducta amigable o de apoyo para hacer que las personas hagan lo que el líder desea. El líder que usa esta táctica, usualmente, trata de explotar el deseo, a veces egocéntrico, de sus seguidores de ser admirados y reconocidos. El uso de esta táctica mueve la acción del liderazgo del propósito fundamental que es hacer que las personas emprendan una acción deseable, hacia la consideración de características y deseos personales de los seguidores, como mecanismo para que actúen. La conquista implica que el líder reconozca los deseos individuales, y no los elementos sociales fundamentales por los cuales las personas deben hacer lo que se espera de ellos.

El uso de la conquista como táctica de influencia puede contribuir a crear en los colaboradores un sentimiento de bienestar "amargo" o de frustración, especialmente cuando la conquista se basó en el uso de la adulación y la exageración de las características positivas de los colaboradores; cuando éstos concientizan que fueron convencidos de que tomaran una acción a través de argumentos, que pueden no tener nada que ver con sus competencias, o cuando se les manifestó un apoyo, que nunca se materializó en conductas o acciones concretas.

La conquista, como táctica de influencia, es ampliamente usada por el líder que sabe que sus colaboradores tienen una fuerte necesidad de reconocimiento y de motivación externa. Usualmente, los colaboradores maduros desde el punto de vista personal, rechazan la conquista como forma de influencia. Los colaboradores maduros tienden a ser internamente motivados, se conocen y están más claros sobre sus capacidades y necesidades de desarrollo. Por tal motivo, como táctica de influencia, es poco efectiva al ser usada en ellos. El líder que usa la conquista en seguidores maduros corre el riesgo de ser visto como adulador, insincero e hipócrita. ¿Quiénes cree usted usan o han usado la conquista en su entorno, personal o social, como táctica de influencia?

*Conexión Personal*

La conexión personal también llamada influencia por interés personal, apela a los sentimientos de lealtad y amistad, que los colaboradores tienen por el líder. El líder que sabe que sus colaboradores sienten lealtad y amistad hacia él, aprovecha estos sentimientos para hacer que se muevan en la dirección deseada. Nuevamente, es una táctica que apela a elementos que no siempre se originan en la habilidad del líder para convencer sobre lo deseable de sus propósitos, sino en los enlaces o conexiones que el líder ha establecido con las personas. Esta táctica de influencia puede conducir a los seguidores a emprender acciones que atentan contra una sociedad o grupo. Es el caso de los líderes que después de haber compartido con personas situaciones pasadas, se vale de los sentimientos de amistad desarrollados, para que hagan lo que él desea.

La conexión personal implica que el líder use elementos, a veces sentimentales o de agradecimiento, para que sus seguidores emprendan acciones. La conexión personal la emplea el líder que en situaciones pasadas, diferentes a las actuales, desarrolló amistades, y en nuevas situaciones, apela a esa amistad para que los seguidores hagan lo que él cree conveniente, independientemente de que sea socialmente aceptable o personalmente conveniente para ellos.

*Transacción*

La transacción, como táctica de influencia, implica el intercambio de favores o la promesa de compartir beneficios, que hace el líder a los seguidores, con el propósito de que éstos hagan lo que él espera. En la transacción, el líder identifica lo que quieren los seguidores y ofrece satisfacer estos deseos con el fin de moverlos en una dirección.

La transacción, usualmente, está relacionada con elementos concretos que los seguidores desean: promociones, ascensos, la contratación de un familiar o amigo, o en el más bajo de los casos, el pago de dinero o la concesión de recursos. Esta táctica de influencia puede estar unida a la conquista, con lo cual el líder se asegura la influencia sobre el seguidor, al proveerle bienes deseados concretos y, además, reconocimiento.

La transacción mueve al líder y a los seguidores fuera de la conciencia de alcanzar un propósito socialmente deseable, hacia la corrupción al ofrecer algo que el seguidor quiere, involucrándolo, posiblemente, en situaciones no éticas o inmorales. El líder que usa la transacción como táctica para influir en sus seguidores, usualmente pervierte los esquemas socialmente aceptados; ya que, hace transacciones con recursos que no le pertenecen, y además crea una actitud de poco compromiso hacia los logros sociales, cuando hace que el elemento motivador fundamental sea un recurso o bien que se transa.

Nuestra historia está llena de "líderes" que han usado las transacciones como forma de mover a la gente en la dirección deseada. Desde la más ignominiosa, como es el ofrecimiento de bienestar a seguidores disminuidos en su estándar de vida, o en la posesión del conocimiento, pasando por el intercambio de apoyo a cambio de una posición política, hasta el ofrecimiento de posiciones de poder que le permiten, a quien la obtiene, alcanzar prebendas materiales y sociales. ¿Usted conoce a algunos, catalogados como líderes, con estas características?

*Coalición*

La coalición, como táctica de influencia, busca el apoyo a través de la formación de alianzas con un grupo de seguidores o con otros líderes, para ganar soporte para la idea o actividad que el líder quiere realizar. La coalición, cuando está motivada por razones socialmente deseables, produce una nueva situación en la cual la acción a tomar se ve energizada y se hace más factible. Una coalición de este tipo está relacionada con la búsqueda de apoyo de diferentes segmentos de la sociedad. Por otra parte, cuando esta táctica es usada, estableciendo coaliciones con pequeños grupos, no representativos de toda la sociedad, con el fin de mover a las personas en una cierta dirección, que no es deseable para la mayoría, se produce una aberración en el proceso de liderazgo que lleva a los seguidores a la pérdida de la confianza en sus dirigentes, trayendo apatía y ulterior deseo de no participar.

La coalición implica que el líder, ante la imposibilidad de convencer a sus seguidores, sea porque la propuesta no es deseada o porque no tiene suficiente apoyo, busca el auxilio de aquellas otras personas que percibe como líderes de opinión, o controladores de subgrupos sociales. Las coaliciones pueden ir unidas a la transacción en la cual el líder negocia algo que es deseable para el potencial aliado. Desde nuestro punto de vista, la coalición que no se haga pensando en la sociedad y en los principios fundamentales deseables para la sociedad, reviste la posibilidad de, en el futuro inmediato, resultados contrarios para la mayoría que no intervino en ella. Son casos típicos de coaliciones las alianzas políticas que se hacen en los parlamentos con el fin de lograr la aprobación de una ley, o la selección de personas para posiciones gubernamentales.

La coalición, cuando se realiza unida a una transacción, usualmente, hace que la decisión alcanzada presente problemas en su implementación o se revierta en contra de los grupos sociales y de los mismos sujetos que se aliaron para su logro. En muchos países, la selección de individuos para algunos poderes públicos sigue este patrón. Grupos políticos u "organizaciones sociales" han intervenido en la selección de personas que han demostrado ser ineficientes, porque dicha selección no se basó en principios sociales, éticos y morales fundamentales, sino en intercambio de prebendas o posiciones de poder. En este momento, quizás sería interesante reflexionar sobre situaciones en nuestro entorno, donde la transacción y la coalición fueron usadas para seleccionar "líderes" organizacionales, dirigentes comunales o regionales o funcionarios gubernamentales.

*Legitimación*

La legitimación, como táctica de influencia, es usada por el líder cuando invoca su autoridad o su derecho, o al mostrar que la solicitud es consistente con las políticas, reglas, prácticas, tradiciones o leyes. La legitimación implica que el líder haga uso de su posición - la cual le fue concedida por algún mandato legal o social - para mover a sus seguidores en una dirección. El principal problema de la legitimación es que su potencial de influencia se basa en un elemento externo a los seguidores, quienes aceptan o pueden decidir, en un momento dado, no aceptar la legitimidad del líder. La legitimidad del líder, en este esquema de influencia, no proviene de sus actuaciones y comportamientos, que son compartidos y aceptados por sus colaboradores, sino de un factor legal, social o cultural externo, que no es intrínseco a la persona. El uso de la legitimación tiene en sí misma una debilidad, cuando el líder la usa está reconociendo su incapacidad para influir en sus seguidores a través de medios compartidos y aceptados por ellos, que provengan de su capacidad o competencia personal.

La legitimación, por otra parte, requiere que la percepción de legitimidad del líder sea ampliamente compartida y aceptada, y que el líder sea capaz de mantenerla en el tiempo. No basta usar esta táctica para influir, si el líder en el tiempo se ha deslegitimado. Es el caso de las personas que han sido elegidas para una posición, teniendo un amplio apoyo de los seguidores, pero han ido perdiendo ese apoyo, por razones que pueden ir desde su incapacidad para manejar las situaciones hasta la desviación de sus ofrecimientos iniciales.

La legitimación funciona en la medida en que los resultados de la acción sean considerados beneficiosos para los seguidores. De hecho, el uso de esta táctica, cuando produce los resultados deseados incrementa la legitimidad del líder, hace que los seguidores confíen en él, y abre el camino para usarla en futuras situaciones. La legitimación cuando es usada y no produce resultados socialmente deseables, conduce a que los colaboradores se desencanten del líder y opongan mayor resistencia para emprender las acciones que él sugiera.

Los líderes que han sido colocados por medios electorales o de selección de un conglomerado diverso, deben pasar de la legitimación por razones legales, a la legitimación por la efectividad en su desempeño. Es a través de esta última como asegura la influencia sobre sus seguidores en momentos críticos, cuando las circunstancias requieren de decisiones que no puedan ser consultadas por razones de emergencia o de necesidad. Los líderes que se legitiman por su desempeño no necesitan hacer uso de la autoridad que les proporcionan las leyes o las normas sociales existentes.

Es importante establecer que la dinámica social, especialmente en nuestros días y en los entornos turbulentos actuales, requiere que el líder, para mantenerse como tal, demuestre un desempeño, que lo legitime, del cual la mayoría de los seguidores se beneficien en términos personales y sociales. Una pregunta para la reflexión ¿Cuáles de los líderes que usted conoce, elegidos por votación o seleccionados por una mayoría, se han convertido en líderes legítimos por su desempeño? Y... ¿Cuáles no?

*Presión*

La presión, como táctica de influencia, tiene que ver con el uso de amenazas, chequeo frecuente o recordatorios persistentes, con el fin de que los seguidores se muevan en la dirección deseada. La presión coloca la responsabilidad de la acción en el líder, quien tiene que ejercerla para que sus seguidores actúen. La presión implica, en los casos negativamente extremos, que los seguidores no quieren emprender acciones por su propio convencimiento y por ello deben ser presionados. Desde el lado del líder, puede significar que éste ha perdido su capacidad de influir sobre los seguidores por otros medios. Es una táctica con un alto potencial de resistencia por parte de los seguidores. Resistencia que aflorará en el momento en que el líder no pueda ejercer presión sobre ellos.

La presión opera adecuadamente mientras el líder posea la capacidad de proveer algún tipo de castigo o recompensa sobre los seguidores. En el momento en que los seguidores adquieren los elementos que el líder proveía, por otros medios, o cuando concientizan que hacer bajo presión lo que se les pide atenta contra su integridad, se convierte en un detonante para la resistencia y la desobediencia.

La presión usualmente va unida a otras formas de influencia, a la transacción, a la conquista, a la conexión personal. El líder puede ejercer presión usando elementos concretos o psicológicos. Sin embargo, la sumisión y el sentimiento de ser utilizado y ser mandado, aun en contra de los deseos personales, produce en los seguidores un creciente desaliento que puede unirse a un aumento del deseo de rebelión. El uso continuo de la presión como táctica de influencia, reduce progresivamente la capacidad del líder para liderar; hace que pierda su autoridad y su poder, al extremo que las personas prefieran el castigo, antes que aceptar sus peticiones.

Los líderes influyen sobre las personas de diferentes maneras, usando diferentes tácticas, hemos querido mostrarles sólo algunas de ellas. Es nuestra intención dejar en usted, la inquietud de buscar ejemplos dentro de su contexto, en su familia, en su lugar de trabajo, en su medio social.

Adicionalmente, las tácticas de influencia no son usadas en forma pura, los líderes en muchas ocasiones, se valen de varias de ellas al mismo tiempo. Creemos que, lejos de darles más ejemplos o escenarios, es mejor dejar que usted los encuentre en su realidad y reflexione, construyendo en su mente los casos de personas o líderes con los cuales se ha relacionado. Sus ideas sobre lo que ha vivido con sus líderes es tan o más valiosa que las experiencias que le podamos proveer.

Después del resumen, describiremos el segundo escalón del ascenso hacia el Liderazgo Transpersonal, en él consideraremos como elemento fundamental las bases del poder del líder y, al igual que en los párrafos anteriores, describiremos algunos ejemplos que puedan darle un punto de referencia, pero que no agotan las posibilidades en cuanto al comportamiento de los líderes.

## Resumen

El primer escalón, ejercer influencia sobre las personas, está relacionado con la habilidad del líder para mover a las personas en una cierta dirección. Es, con base en este escalón, donde se discute sí Hitler, Cristo, Fidel Castro y la Madre Teresa de Calcuta son igualmente líderes.

Ejercer influencia, como proposición para definir el liderazgo, es una simplificación del liderazgo y su rol social ¿Es la capacidad para ejercer influencia condición suficiente para definir a un individuo como líder?

Los líderes se valen, consciente o inconscientemente, de tácticas de influencia para mover a los seguidores en una dirección. Algunas de ellas incluyen: *la persuasión racional*, uso de argumentos lógico-racionales y evidencias comprobables; *la persuasión idealista*, uso de valores, ideales y aspiraciones; *la consulta*, pide que intervengan en el diseño de las acciones a seguir; *la conquista* se basa en el elogio, la adulación y la conducta amigable; *la conexión personal* apela a la lealtad y la amistad; *la transacción* implica el intercambio de favores; *la coalición* busca la formación de alianzas; *la legitimación* implica el uso de la autoridad; y *la presión* utiliza el control frecuente y recordatorios persistentes.

**Tácticas de influencia**

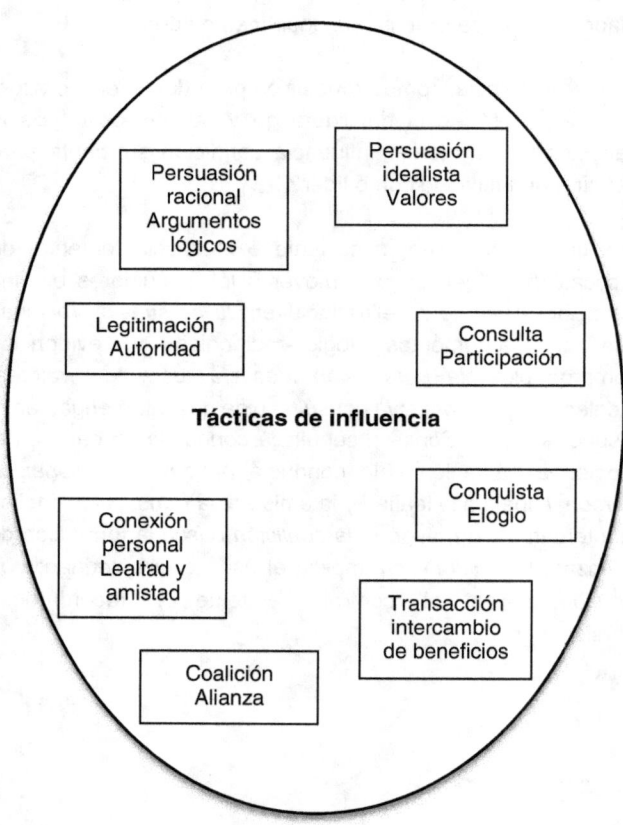

"Si el ciego guía al ciego, ambos caerán en la zanja".

Jesús Cristo

2. **Influir apelando a principios éticos y morales, socialmente aceptables, que produzcan bienestar para los colaboradores**

El segundo escalón también establece que los líderes influyen sobre las personas. Pero no tiene que ver sólo con la posibilidad de mover a la gente en la dirección que el líder considera, cierta o falsamente, deseable, sino que provee una dimensión cualitativa. Expresa que ejercer la influencia no es suficiente, al tiempo que establece que es necesario influir, apelando a principios éticos y morales, socialmente aceptables, que produzcan bienestar para los colaboradores. El segundo escalón plantea que el líder no debe usar recompensas de bajo orden, tales como penalizaciones o premios. Implica una orientación, por parte del líder, centrada en las personas y el grupo, con alta consideración por el valor de las opiniones y puntos de vista de los colaboradores. En este escalón consideraremos el poder usado por el líder, en sus múltiples acepciones, para convencer a sus seguidores.

**Tipos de Poder**

Las bases del poder que consideraremos se apoyan en los postulados de French y Raven descritos, en 1959, en su obra *The Bases of Social Power*, las cuales incluyen el poder de experto, el poder de referencia, el poder para recompensar o coaccionar, y el poder legítimo. Adicionalmente, consideraremos el poder por posesión de información. Estas bases del poder serán analizadas en íntima relación con la participación y los procesos democráticos que pueden ocurrir cuando el líder ejerce el liderazgo y/o cuando define objetivos para o con los seguidores.

El poder puede ser definido como la capacidad potencial de influir. De hecho la influencia es el resultado de convertir esa capacidad potencial en realidad. En términos comunes, un líder puede tener un tipo de poder y, sin embargo, no influir sobre las personas. De manera tal que no es suficiente poseer el poder, sino que hace falta que la persona sobre quien es ejercido lo acepte, consciente o inconscientemente. Para que el poder se haga patente, la persona debe moverse  en la dirección deseada, es decir, debe ser influenciada. En los siguientes párrafos describiremos los tipos de poder o, como lo denomina French y Raven (1959), las bases del poder.

*Poder Legítimo*

El poder legítimo viene dado por la posición que ocupa el líder, sea porque es socialmente aceptado, sea porque las normas sociales así lo definen, o porque la organización de esa manera lo establece; está asociado a la posición que el líder ocupa en el contexto donde se desenvuelve, sea familiar, social, político u organizacional.

Los líderes que son seleccionados o elegidos para ocupar altos puestos, dentro de un esquema jerárquico, legal y/o socialmente aceptado, poseen el poder que les da la posición. En otras palabras, el lugar que ocupan les otorga la capacidad potencial de influir, independientemente de que lo hagan o no. Un ejemplo claro es el padre de una familia a quien por su rol, definido por razones sociales, se le proporciona la potestad de influir sobre los hijos, sin embargo, sabemos que en muchas ocasiones no lo logra. Cuando se trata de ejercer el poder legítimo sin que la petición sea aceptable para los seguidores, el líder corre el riesgo de ser desobedecido y/o retado.

El comandante de un grupo militar es un buen ejemplo para establecer como el poder legítimo puede hacerse ilegitimo por las acciones de quien lo posee. El comandante de un grupo, tiene por razones constitucionales, legales y normativas el control y la autoridad sobre su comando. Cuando ese comandante, trata de dar un golpe de estado, el cual es inconstitucional y va contra las reglas democráticas, aun cuando logre vencer en el golpe de estado, su poder se hace ilegitimo. El liderazgo que surja después de un golpe de estado no tiene poder legítimo. El nuevo líder puede concentrar todas las bases de poder, y tener poder absoluto, pero al final su poder será ilegitimo en términos normativo-constitucionales. Adicionalmente, el poder absoluto corrompe, y ni siquiera los más íntegros seres humanos han escapado a la seducción del poder absoluto. Usar el poder legítimo, adecuadamente requiere un alto sentido de respeto por los demás por parte del líder, un gran autocontrol, una clara idea de lo que es justo, y la conciencia de que el poder lo tiene porque se lo da la posición, pertenece a la posición, no es parte de él/ella, no es parte de su ser.

*Poder de Recompensa y Coercitivo*

El poder de recompensa y el de coerción están directamente relacionados con la capacidad que tiene el líder para proveer algo que es deseable o indeseable para los seguidores. El poder de recompensa o el coercitivo son las dos caras de una misma moneda. En otras palabras, el líder que puede dar algo que los seguidores desean, o pueden usar, sean recompensas materiales, sociales o psicológicas, ejerce el poder de recompensar. Por otro lado, el líder que puede proveer a los seguidores castigos, retirar elementos que sirven para cubrir sus necesidades, o penalizarlos física o psicológicamente, ejerce el poder coercitivo. El poder de recompensa y el coercitivo los posee el líder mientras tenga acceso a los premios o castigos. Es una forma de poder mezquina e indeseable porque no le da al líder la capacidad de influir sobre sus seguidores por que le guardan respeto, sino porque puede proporcionarles o privarles de algo que ellos necesitan.

El poder de recompensa y el coercitivo son ejercidos mientras los seguidores consideren que el líder tiene la capacidad de administrar lo deseable o lo indeseable. El uso indiscriminado del poder de recompensar o castigar puede hacer que las personas sustituyan esos elementos y no funcionen en nuevas situaciones cuando el líder los quiera usar. Es clásico, el caso de las familias, donde un niño después de haber sido penalizado físicamente, en forma continua, se rebela y, retadoramente, después de ser castigado, le dice a su padre o madre: "ya terminaste". Las recompensas y el castigo como formas de ejercer poder están íntimamente relacionadas con las transacciones como modo de influencia. No obstante, es conocido que las recompensas y los castigos funcionarán mientras los liderados no encuentren sustitutos para sentirse recompensados o castigados. Por ejemplo, un colaborador puede encontrar como sustituto de recompensa, ser parte de un movimiento social emancipador o ser parte de un proceso de liberación política; o en el caso del castigo, el seguidor puede aceptarlo al punto que no alcanza el umbral de estimulación negativo, físico o psicológico.

*Poder de Experto*

El poder de experto es dado por la experiencia y el conocimiento que tiene un líder en un área. Quienes lo poseen tienen la capacidad de ejercer influencia porque saben cómo hacer las cosas. Los seguidores aceptan que él o ella sabe lo que hace y por ello le siguen y lo aceptan como líder. El poder de experto no está necesariamente relacionado con la educación formal que pueda tener el líder. Más bien tiene que ver con su conocimiento de cómo hacer las cosas en las áreas que se supone debe liderar.

El poder de experto constituye una de las formas fundamentales para liderar adecuadamente. No significa que el líder sea un especialista en el área, sino que sea capaz de ver los elementos y las interrelaciones entre los elementos involucrados en las situaciones que confronta.

El poder de experto hace que los colaboradores tengan confianza en las acciones y decisiones del líder. Ellos creen en el líder porque lo consideran competente, y esa competencia le da poder. El poder de experto tiene un alto potencial para producir influencia cuando está unido a la persuasión racional. Los colaboradores consideraran lo que el líder establece como verdadero y lógico de seguir. Esencialmente, los colaboradores que ven al líder como competente sentirán que pueden trabajar efectivamente con él. No obstante, el líder debe ser cuidadoso al usar el poder de experto, especialmente, con colaboradores que tienen niveles de competencia o experticia menor. Aun, cuando su conocimiento sea mayor, debe reconocer las contribuciones y participación de sus colaboradores, y cuando establezca su posición de experto, debe hacerlo de manera tal que los colaboradores no se sientan disminuidos. Por otra parte, el poder de experto usado con colaboradores que poseen muy bajo conocimiento, puede causar que el líder sea concebido como un ser especial, superior, haciendo que los seguidores proyecten en el líder sus necesidades, y hagan lo que el líder sugiere sin ninguna idea o duda de que puedan estar haciendo algo inapropiado. Por ello, el desarrollo de los colaboradores, es fundamental para crear un liderazgo donde los colaboradores provean feedback al líder y permita hacer ajustes en el proceso de liderazgo, cuando el mismo no esté produciendo los resultados deseados.

*Poder de Referencia*

El poder de referencia está relacionado con la posibilidad que tiene el líder de influir sobre sus seguidores por el grado de admiración, expresada o sentida, que éstos le demuestran. Este poder no está claramente asociado con una característica concreta o fácilmente discernible. Tiene que ver con ese sentimiento que experimentan algunos seguidores cuando expresan no saber porqué, pero que cuando el líder dice algo, produce el deseo de seguirlo. El poder de referencia puede ser relacionado con lo que algunos autores llaman liderazgo carismático. Es el poder, "no fácilmente explicable", que ejerce el líder y hace que la gente lo siga. Pareciera que el poder de referencia incluye elementos subjetivos que los seguidores catalogan, inconscientemente, como deseables. Pueden tener que ver con su calidez en el tratamiento con las personas, con la "inexplicable" autoridad que "emana", con la forma cómo se comunica, o con el respeto que demuestra en su tratamiento con las personas, entre otros.

El poder de referencia no tiene que ver con magia o con "un no sé qué" que el líder posee y pone en práctica, de manera consciente o inconsciente, más bien tiene que ver con una serie de competencias catalogadas, por algunos autores como *soft competencies* o competencias invisibles, que no han sido estudiadas a fondo hasta ahora, pero a las que cada vez, en los últimos años, se les está prestando mayor atención, no solo en investigaciones, sino también en procesos de entrenamiento y desarrollo relacionadas con liderazgo. El poder de referencia es exhibido por personas que tiene grandes habilidades para interrelacionarse. Parece estar basado fundamentalmente en la admiración e identificación que las personas tienen por el líder. Los líderes que tienen alto poder de referencia muestran preocupación por sus colaboradores, e incluso los defienden ante otros cuando es necesario, muestran deseo de integrar a las personas, pueden emprender acciones más allá de lo esperado si los necesitan y muestran comprensión hacia los demás. Para los colaboradores la aprobación por parte de un líder que tenga poder de referencia es altamente deseable y buscada.

*Poder por posesión de información*

El poder por posesión de la información está relacionado directamente con el acceso que tiene el líder a las fuentes de información que le facilitan la toma de decisiones efectivas. Esta base de poder, no incluida por French y Raven (1959) en sus estudios, constituye la capacidad de proveer datos e información que permite que los seguidores realicen el trabajo efectivamente, y vean al líder como la persona capaz de guiarlos adecuadamente.

El poder por posesión de información mueve al líder más allá de sus características personales, hacia la capacidad que tiene para mantenerse al día con lo que sucede a su alrededor. El líder informado puede tomar decisiones más efectivas, al tiempo que es percibido por sus seguidores como un individuo que tiene la autoridad para guiarlos en la forma adecuada. El poder por posesión de información le da al líder la capacidad de influir con base en elementos que son percibidos como deseables e importantes por los seguidores, por ello puede estar relacionado con la persuasión racional.

El poder, como forma de ejercer influencia, determina la posibilidad de que los líderes muevan a sus seguidores en una determinada dirección. Algunas de las bases de poder descritas en los párrafos anteriores, son más adecuadas para ascender en el liderazgo de una forma socialmente aceptable, mientras que otras mueven al "líder" fuera de su orientación pro-social. Es así como se pone de manifiesto que el líder debe ser capaz de poner en práctica las formas de poder que lo hacen más adecuado a los ojos de sus seguidores y que socialmente son más aceptables. El uso de las formas de poder socialmente deseables, que no constituyen en su aplicación la disminución o degradación de los seguidores, son las que posibilitan al líder a seguir en ascenso por la Escalera del Liderazgo. Es lo que le posibilitará el continuar al siguiente escalón: promover y facilitar el desarrollo de sus seguidores.

¿Puede usted pensar en algunas personas que usted considere líderes y la forma de poder que utilizan o han utilizado? ¿Puede usted pensar en cuáles son las formas de poder más apropiadas que un líder debe ejercer para ascender al segundo escalón?

## Resumen

El segundo escalón, influenciar apelando a principios éticos y morales, socialmente aceptables, en contraposición con recompensas de bajo orden y/o coerción, expresa que ejercer influencia no es suficiente, al tiempo que establece, que es necesario influir, basándose en elementos éticos y morales, aceptados por la sociedad.

El líder logra influir cuando usa el poder adecuadamente. El poder puede ser definido como la capacidad potencial para ejercer influencia. Ésta, de hecho, es el resultado del ejercicio del poder.

En este escalón consideramos el poder del líder en varias acepciones, ellas incluyeron: poder legítimo, conferido por la posición del líder de acuerdo con normas establecidas; poder de recompensa o de coerción, dado por la capacidad que tiene el líder para proveer algo deseable o indeseable; poder experto obtenido por la experiencia y el conocimiento en un área; poder de referencia evidenciado por el grado de admiración que se tiene del líder; y poder por posesión de información dado por el acceso que tiene el líder a fuentes de información que facilitan el logro de los objetivos.

**Tipos de poder**

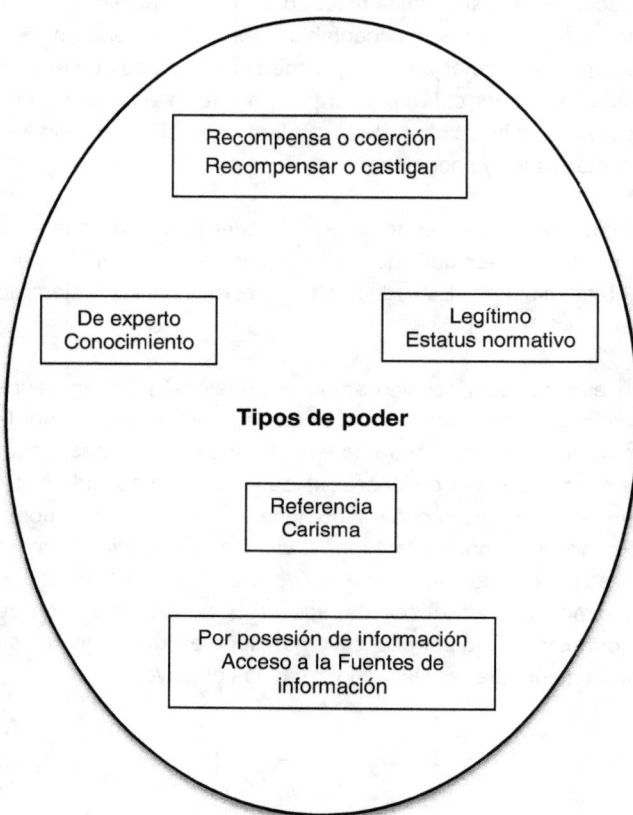

"La verdadera prueba de un líder es si sus seguidores se adhieren a su causa por su propia voluntad, soportando las más arduas dificultades sin estar obligados a hacerlo y permaneciendo firmes en los momentos de mayor peligro".

Xenophon

### 3. Promover y facilitar el desarrollo de las personas y de la organización

El tercer escalón, promover y facilitar activamente el desarrollo de los seguidores y de la organización, provee un sentido de direccionalidad a las acciones del líder. Él o ella actúan pensando en las personas y en la organización, llámese ésta familia, comunidad o país. El líder que llega a este escalón, entiende que parte de su trabajo es facilitar en las personas el descubrimiento de su potencial, sin perder de vista que ese desarrollo está intrínsecamente relacionado con el de la organización a la cual pertenece. En este escalón, el líder se mueve de la orientación centrada en el grupo, sin perderla de vista, a la orientación centrada en la organización. Este escalón fue quizás el más desarrollado por la bibliografía de los años 80 y 90, cuando se introdujo el concepto de liderazgo de servicio.

El liderazgo, en este estadio, está directamente relacionado con dos procesos que, en nuestra opinión, desembocan en la verdadera concepción de democracia. Estos son el *empowerment* (facultar, capacitar) y la toma de decisiones compartida. Estos procesos parten de la valoración de los seguidores como sujetos capaces de tomar decisiones y de contribuir efectivamente con los procesos socio-organizacionales en los cuales el líder involucra a otros. Implica el respeto, internalizado, hacia otros. *Empowerment* es el reconocimiento de que las personas, sin importar su preparación, educación, o características personales, están capacitadas para contribuir con los procesos, acciones o resultados que los líderes consideran deseables. Tiene que ver con la capacitación, dar poder, facultar (*empower*) a los seguidores y procurar su intervención en la toma de decisiones.

*Empowerment*

El *empowerment* es un término prestado del inglés, traducido por muchos como "empoderamiento", facultación o capacitación; pero que, sin embargo, no describen el verdadero sentido de la palabra. *Empowerment* significa darle poder a las personas; recuerda, de alguna manera, la canción de los Beatles, que en los años 60 expresaba: *power to the people* (poder para la gente). Significa darle a los seguidores el poder para intervenir activamente en el proceso de liderazgo. Implica el comienzo de una concepción del liderazgo donde líder y seguidores pueden llegar a ocupar posiciones equivalentes dentro del proceso de liderazgo, y donde los seguidores se convierten en colaboradores. Si quisiéramos visualizar el *empowerment* en el liderazgo, podríamos recordar la película Gladiador, donde el líder pide a sus seguidores que marchen a su lado, que no se separen de él, que hagan una gran fila en donde cada uno esté al lado del otro.

*Empowerment* significa que el líder decide de manera consciente darle poder a los seguidores. Se constituye en un proceso en el cual las ideas, opiniones y puntos de vista de los "otros" son aceptados, y más que eso, promovidos y facilitados por el líder. El proceso de darle poder a la gente está íntimamente relacionado con la promoción del desarrollo de los demás. No en balde sabemos que en la medida en que dejemos que los seguidores decidan, más preparados estarán para futuras decisiones y acciones. Es igual que el padre que deja que su hijo escoja, bajo condiciones controladas, lo que debe hacer ante determinadas circunstancias, evitando decirle cómo hacerlo o qué pasos seguir. Es la forma de educarlo para la interdependencia futura. El proceso de *empowerment* está íntimamente relacionado con la confianza y la convicción que tiene el líder, que los seguidores son capaces de emprender acciones. Aquí nos permitimos otra divergencia del punto fundamental, pero que creemos conveniente aclarar, para tener los elementos necesarios para juzgar el liderazgo como proceso social. Ello constituye la diferencia entre fe, confianza y convicción.

La fe implica la creencia en algo o en alguien, basada en elementos emocionales o sentimentales. Creemos porque en nuestro interior hay algo que nos dice que creamos. Es en esta dimensión donde decidimos aceptar la existencia de Dios, o donde creemos en alguien es buena persona sin que haya hecho nada para ello. Esta dimensión se relaciona con el poder referente, o con el carisma del líder: lo seguimos porque emocionalmente, algo nos dice que lo hagamos. La confianza es la dimensión intermedia. Confiamos porque el líder ha demostrado en varias ocasiones su confiabilidad. Es una mezcla de emoción y sentimientos, con hechos y evidencias. La confianza acompañada, progresivamente, de hechos y evidencias, conduce a la convicción. Ésta tiene que ver con la certeza de la actuación del líder, porque en repetidas oportunidades ha demostrado actuar congruentemente. Es la dimensión en la cual, sin duda, se nos permite saber, a ciencia cierta, que el líder actuará en una dirección determinada. Es interesante conocer que la convicción no tiene elementos valorativos asociados. Podemos estar convencidos de que un líder actuará en una dirección positiva, o por el contrario en una negativa.

El *empowerment* tiene que ver con la convicción, con la certeza, con la concepción de la persona como un ser capaz de hacer las cosas de manera socialmente deseable. El *empowerment* ocurre cuando el líder coloca en manos de otros la posibilidad de decidir, de tener el poder para actuar, de dar al individuo su verdadero valor. Dar el poder a otros (*empower*) constituye para el líder el reconocimiento de que cada persona tiene las capacidades y potencialidades para ser líder, de sí mismo y de otros. Es el reconocimiento de que el liderazgo no es "algo" que se trae en los genes, de que no se nace líder, de que no se es líder por siempre, sino que cuando a la gente le son dadas las oportunidades puede crecer, y convertirse en un líder.

*Empowerment* significa que el líder pone en manos de sus colaboradores la toma de decisiones, que en un momento él dejará de liderar para que otros ocupen su posición. Es la conversión del líder en mentor, tutor o *coach* de los seguidores para que éstos alcancen altos niveles de desarrollo. Tiene que ver con lo que Bass y Avolio han llamado liderazgo transformacional, y Mac Gregor Burns ha llamado liderazgo transformador. Se trata de llevar a los seguidores a los más altos niveles de desarrollo personal, profesional, ético y moral. *Empowerment* está directamente relacionado con la toma de decisiones compartida, moviendo a los seguidores de la intervención pasiva a la activa en la orientación que le dan a sus acciones. En este punto, nos permitimos hacerle algunas preguntas ¿Cuáles líderes conocidos por usted han facultado o capacitado (*empower*) a sus seguidores para que se conviertan en nuevos líderes? ¿Son nuestros líderes verdaderos facultadores (*empowerers*) de los seguidores?

*Decisión Compartida*

La decisión compartida mueve el liderazgo de la visión de: quién tiene la razón, a la visión: todos podemos contribuir. El proceso de decisión compartida está íntimamente relacionado con la consulta. Ella implica la consideración de los involucrados como iguales, una actitud de reconocimiento de los seguidores como personas capaces de decidir sobre las acciones que quieren tomar. Unida al *empowerment* deriva en el verdadero sentido de la democracia. Decidir entre todos hace que el líder sea concebido como una persona respetuosa de sus iguales, implica el reconocimiento de que en la diversidad de opiniones y puntos de vista hay un poder sinérgico que produce decisiones, procesos o acciones que pueden, aun cuando tome más tiempo, garantizar su implementación y el bienestar de la mayoría de los colaboradores.

La promoción de la decisión compartida implica que los líderes se muevan hacia altos niveles de comprensión y respeto por los seguidores. De hecho, conlleva un cambio de concepción de seguidor a colaborador, la consideración de los colaboradores, marchando en una gran fila, uno al lado de otro, y al lado del líder, y no unos primeros y otros siguiéndolos en fila india. La decisión compartida en sí misma propicia el *empowerment* (facultación) de los colaboradores. El líder cuando promueve activamente la decisión compartida le está diciendo a sus colaboradores: "confío en ustedes, sé que tienen las competencias y sé que entre todos podemos llegar a una mejor decisión que la que tome yo solo". Esta forma de actuar tiene como ganancias derivadas varios aspectos que permiten a los colaboradores: a) probar cuáles son sus competencias, b) comparar y confrontar sus ideas con las de otros, c) conocer si sus ideas están alineadas con los objetivos organizacionales, d) conocer a sus compañeros y a sí mismos, e) proponer sus ideas e intervenir en futuras situaciones, f) incrementar el grado de identificación del colaborador con sus compañeros, el líder y la organización, g) potenciar su participación en la implementación de la decisión,

h) incrementar su autoestima y su auto concepto y, j) crear un espíritu de equipo y de pertenencia.

La decisión compartida va más allá de la consulta, ella implica la intervención de los colaboradores y la estimulación activa, por parte del líder, para que ellos se involucren en la toma de decisiones. El líder que desea incrementar la decisión compartida con sus colaboradores debe estar pendiente de las diferencias individuales en cuanto a personalidad de sus seguidores, saber quiénes son introvertidos y quiénes extravertidos, quiénes son lógico-racionales y quiénes emocionales, quiénes son conservadores o iniciadores, quiénes ven las relaciones de causa-efecto y quiénes la totalidad, quiénes son más orientados hacia la gente y quiénes hacia el asunto, quiénes quieren controlar y quiénes desean estructura. Este conocimiento le permite al líder promover la intervención de cada persona en diferentes momentos, dependiendo de la dinámica de la situación. Adicionalmente, le permitirá buscar y obtener diversos puntos de vista y distintas aristas sobre un mismo asunto, incrementando, consecuentemente, la posibilidad de éxito de la decisión.

*Actitud Democrática*
Los líderes que desean desarrollar a sus colaboradores tienen una actitud democrática. Ello se pone de manifiesto en un comportamiento de respeto hacia las opiniones sin importar la persona que las proponga, en el respeto a los que en un momento puedan tener una opinión diferente a la de la mayoría y en la consideración de las diferencias de los colaboradores, en cuanto a sus estilos y modos de actuar. La actitud democrática va más allá de promover la participación y la decisión, ella tiene que ver con la consideración de los diferentes grupos que actúan en la organización, al igual que con comportamientos que promueven la expresión de diferentes opiniones, el trato a todos como iguales y la consideración de los colaboradores como personas, quienes tienen intereses diversos que, aunque puedan ser diferentes, deben converger en los elementos comunes que permitirán su propio desarrollo, el de la organización y el de la sociedad.

La actitud democrática en el liderazgo implica que el líder esté pendiente de sus actuaciones y de cómo ellas afectan a los colaboradores, a la organización y la sociedad. El líder necesita reflexionar sobre lo que piensa decir o hacer, y sobre lo que ha dicho o hecho. Implica la capacidad de ser empático para entender y colocarse en lugar de otros, especialmente de aquellos que divergen de su punto de vista. Al mismo tiempo, una actitud democrática está íntimamente relacionada con la humildad para entender que puede estar perdiendo de vista factores que otros pueden ver. Supone la capacidad de colocar su ego a un lado, aun después de haber analizado una situación, y haber arribado a una decisión que él cree adecuada para el bienestar común, el de los colaboradores, el de la organización y el de la sociedad. En otras palabras, una actitud democrática es lo que mueve al líder al siguiente escalón del liderazgo, pasar del ego-centrismo al socio-centrismo

**Resumen**

El tercer escalón, promover activamente y facilitar el desarrollo de las personas y la organización, le provee un sentido de direccionalidad a las acciones del líder. Él o ella actúan pensando en las personas y en la organización. El liderazgo en este escalón está relacionado con: *empowerment*, decisión compartida y actitud democrática.

*Empowerment* significa darle poder a las personas para que intervengan activamente en el proceso de liderazgo, pasando de ser seguidores a colaboradores. El líder y las personas tienen la convicción, la certeza de que todos son capaces de emprender acciones socialmente deseables.

La decisión compartida mueve el liderazgo de la visión de "quién tiene la razón", a la visión "todos podemos contribuir". La promoción de la decisión compartida implica que los líderes comprendan y respeten a sus colaboradores y los estimulen a intervenir activamente en el proceso de decidir.

La actitud democrática se pone de manifiesto en el respeto tanto a las opiniones de los colaboradores como a las diferencias de los colaboradores. El líder está consciente de cómo su actuación y la de sus colaboradores afecta a otros grupos, organizaciones o segmentos de la sociedad.

**El Liderazgo Transpersonal**

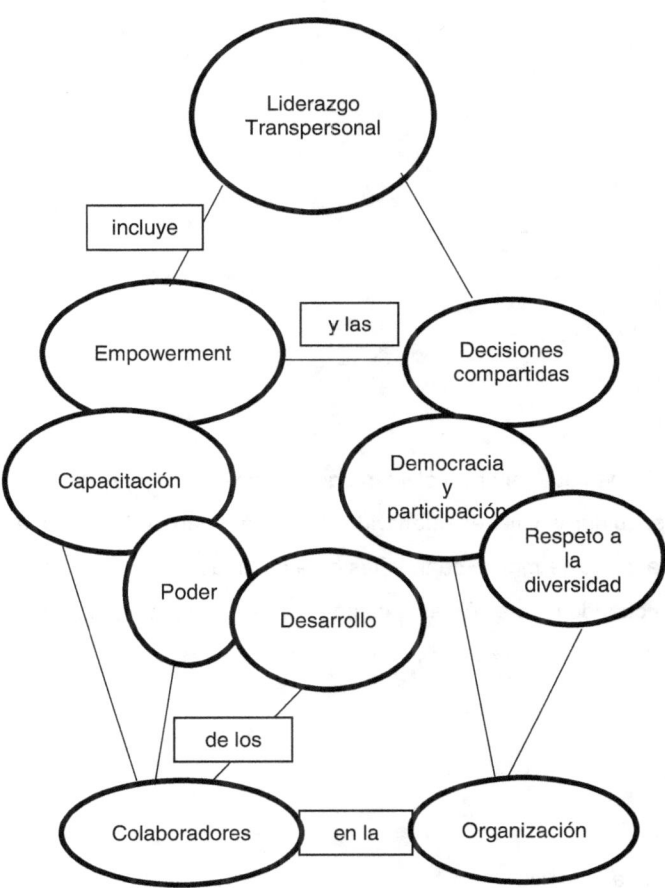

"Tienes que mirar en el liderazgo a través de los ojos de los seguidores y tienes que vivirlo... Lo que he aprendido es que la gente se motiva cuando les guías a la fuente de su poder y cuando haces héroes a quienes encarnan lo que quieres ver en la organización".

Anita Roddick

### 4. Desarrollar y practicar una orientación socio-céntrica

El cuarto escalón, desarrollar y practicar una orientación socio-céntrica, mueve la conciencia del líder fuera de los límites de la organización. Tiene que ver con la conciencia que posee el líder de que las acciones de liderazgo influyen en la organización, el entorno inmediato, la comunidad y la sociedad. Adicionalmente, está relacionado con la capacidad que tienen él o ella para actuar en función de otros y poner a un lado sus deseos de figurar como el sujeto fundamental del proceso de liderazgo. Es actuar con el deseo de servir y no con el deseo de figurar. En esta etapa los líderes y los colaboradores definen objetivos y propósitos que sean adecuados para la organización, al tiempo que son pro-sociales, en un sentido amplio: van más allá de la organización misma. En este escalón, él o ella se ve a sí mismo como parte de la sociedad, al tiempo que entiende que sus acciones organizacionales deben estar gobernadas por el bienestar social. Este escalón mueve al líder de una orientación centrada en el ego y en la organización, a una orientación centrada en la sociedad. Es en esta plataforma donde el Liderazgo de Servicio (*Stewardship and Servant Leadership*) está colocado. Es en este escalón donde la Madre Teresa de Calcuta y Gandhi, entre otros, pueden ser ubicados.

En este punto, nos permitimos dejarle algunas interrogantes: ¿Quiénes de las personas que usted considera líderes pueden situarse en este escalón? ¿Cómo podemos practicar en términos de comportamientos visibles una orientación socio-céntrica? ¿Cuáles de nuestros líderes en nuestro entorno organizacional pueden ser colocados en este escalón? En los próximos párrafos esperamos ayudarles a encontrar respuestas a estas preguntas. Para ello, es necesario establecer algunas consideraciones que tienen que ver con esta orientación.

*Del yo, a la organización, a la comunidad, a la sociedad, al país*

El cuarto escalón del liderazgo tiene dos implicaciones fundamentales con respecto al líder. La primera, el líder entiende que lo más importante no es él. La segunda, tiene una clara comprensión de la sociedad en la cual vive.

El líder que ha alcanzado el cuarto escalón se mueve al socio-centrismo. Esto significa que sus acciones y comportamientos no están definidos por el deseo de ser admirado o perpetuarse como tal. Entiende que sus acciones están orientadas por el bienestar social. Quizás la mejor descripción de un líder socio-céntrico, en su forma inicial, es la del padre o madre que hacen todo lo posible porque sus hijos sean buenos, independientes, tengan principios éticos y puedan hacerse interdependientes, con el fin de poder autogerenciar su vida, dentro de un ámbito social, y no con el fin de que les retribuyan lo que les han dado a ellos. Son esos padres que no esperan que sus hijos los mantengan o les proporcionen beneficios cuando han llegado a la vejez.

El líder en este estadio entiende que la institución a la cual pertenece, es una entidad con la cual hay algo más que una relación laboral, es una forma fundamental de arreglo social. En otras palabras, considera que los propósitos organizacionales superan los propósitos personales, y que es allí donde las personas alcanzan logros sociales, a la vez que la organización se beneficia de ellos. Hay una interdependencia que supone el bienestar mutuo. De manera que él da y recibe algo de la organización.

El líder, moderadamente consciente, en este estadio comprende que el elemento fundamental, que guía sus acciones y comportamientos, debe ser el bienestar de la comunidad. Ello significa que comprende que su rol puede y debe ir más allá de su entorno organizacional, para concebir a la organización como parte de un entorno, inmediato y externo, en el cual sus acciones pro-sociales deben verse reflejadas. En este sentido, él o ella enfatizan la efectividad organizacional, considerando el bienestar de la comunidad inmediata donde ésta opera. Él o ella se plantean un balance ético y moral, en el sentido de que los procesos y productos organizacionales no deben atentar contra la comunidad que le sirve de entorno. Adicionalmente, el líder con esta concepción entiende que la organización no sólo tiene una orientación de negocios y de ganancias, sino que tiene una responsabilidad social, en la cual debe promover activamente, mediante programas de desarrollo personal y comunitario, el bienestar de los otros.

El líder, con un alto nivel de conciencia, que alcanza este escalón, entiende que aunque es parte de una organización y de un entorno inmediato constituido por la comunidad adyacente a ella, es parte de una sociedad. Este grado de comprensión lo lleva a entender que no basta con que sus acciones y comportamientos impacten adecuadamente a la comunidad, en la cual su organización opera, sino que él es parte de una sociedad que debe recibir, de manera directa, los beneficios de dicha organización. Estos beneficios pueden definirse desde aspectos tan concretos como puestos de trabajo, hasta elementos menos fáciles de medir o discernir, como el crecimiento personal de los ciudadanos, conciencia de conservación, identidad social, desarrollo de pertenencia y respeto por otras personas. El líder que ha llegado a este escalón entiende la trama de interrelaciones que existen entre los diferentes subsistemas sociales, que cualquier acción que se realice para mejorar a la organización puede tener efectos, positivos o negativos, sobre la sociedad, que el desarrollo social es tan importante como el organizacional, porque las organizaciones son sistemas abiertos que reciben sus insumos de la sociedad; sean éstos elementos concretos tales como: capital humano, tecnologías, normativas y leyes; o tan intangibles como: ideas, cultura, credos y filosofías sociales. El líder en este estadio comprende que la identidad de la organización debe estar alineada con las expectativas o con las imágenes que la sociedad quiere hacerse de la misma, que su rol no es sólo el desarrollar la efectividad organizacional, sino que el mejoramiento social es parte de su trabajo.

La segunda implicación fundamental, una concepción social adecuada, tiene que ver con muchos de los elementos descritos anteriormente y con una idea de la sociedad como un ente democrático y participativo, donde las personas que la conforman necesitan practicar y desarrollar todos sus conocimientos y sabidurías, a favor de la sociedad. Se relaciona directamente con el *empowerment* de los constituyentes. Se hace necesario, entonces, considerar algunos conceptos sociales. Estos describirán un punto de vista sobre las formas que puede adoptar una sociedad, sea ésta prescriptiva, emprendedora o de conocimiento. El paso siguiente es que usted sitúe a sus líderes en cada una de esas formas.

*Organizaciones y sociedades*

Los líderes que han ascendido hasta este escalón consideran que deben constituirse sociedades del conocimiento, donde todos sus integrantes puedan desarrollar y poner en práctica, en forma impactante, su información y su conocimiento en aras del desarrollo y bienestar de la misma. Sin embargo, consideramos pertinente la descripción de varios elementos sociales que pueden definir las actuaciones del líder. Estos elementos le dan forma a los tipos de sociedades prescriptiva, emprendedora y del conocimiento, las cuales, sabemos, no agotan las formas sociales de organizaciones conocidas o existentes.

*Organización/sociedad prescriptiva*

Las sociedades prescriptivas se caracterizan por ser reactivas, precavidas, jerarquizadas y centralistas. Estas características nos permiten hacernos una imagen del rol del líder que concibe las sociedades de esta manera. Él o ella, dentro de esta concepción, pensarán que su papel es esperar que las cosas sucedan para premiar o castigar, evitarán tomar riesgos, con las implicaciones que ello trae en cuanto al ensayo de nuevas ideas o formas de proceder, verán a los colaboradores como subordinados, quienes tienen que seguir sus órdenes y puntos de vista y, consecuentemente, tratará de mantener el control de todos los procesos, especialmente, los que tengan que ver con la toma de decisiones.

Las sociedades prescriptivas tienen características culturales que las definen claramente, las cuales no representan elementos positivos o negativos cuando son analizadas descontextualizadamente, pero que constituyen debilidades cuando pensamos en contextos cambiantes, turbulentos y globales. Algunas de estas características culturales incluyen, sin pretender ser exhaustivo en las mismas: uso de la lógica racional para tomar decisiones; arreglo formal y mecanicista, que define claramente los roles y funciones; búsqueda de la estabilidad a través de regulaciones y normas que prescriben el comportamiento de las personas; consideración de los reglamentos y leyes como elementos fundamentales y directrices del comportamiento humano, si no está reglamentado no es adecuado y es negativo; alta sensibilidad al *status* y a la posición legitimada por los reglamentos y normas; represión del conflicto por considerarlo negativo sin ver las posibilidades de conocimiento y productividad posterior al mismo; y por último, búsqueda de la eficiencia, lograr lo máximo al mínimo costo, con la consideración parcial de los elementos y factores involucrados. Todos estos elementos culturales hacen que en las sociedades prescriptivas el control se base en el orden, las reglas, la uniformidad y los estándares pre establecidos. Estos parámetros pueden ser apropiados en ambientes plácidos y estables, donde los cambios se suceden a un ritmo casi nulo y donde la formación de nuevos procesos e ideas de alguna manera estén disminuidos.

El líder en las sociedades prescriptivas se caracteriza por ser directivo, guía de la participación, si ella existe, con la subsiguiente inhibición de nuevas formas de proceder, y con una clara concepción de que es él quien tiene la razón: se hace lo que el líder dice. En este punto, le dejamos una nota para la reflexión ¿Cómo podemos caracterizar a nuestra sociedad? ¿Cómo catalogaría usted la concepción social de nuestros líderes?

*Organización/sociedad emprendedora*

Las sociedades emprendedoras se caracterizan por ser proactivas, intuitivas, arriesgadas y centralistas. No esperan que las cosas sucedan. Se valen diversos mecanismos para tomar decisiones, los cuales, en muchas ocasiones, caen fuera de los cánones de la lógica racional; consideran elementos que tiene que ver con la capacidad de los individuos para utilizar sus experiencias, que en muchos casos no son fácilmente describibles, en el momento en que se toma la decisión. Ello implica que el líder promueva en los colaboradores la toma de riesgos calculados, que de alguna manera conduzca a hacer las cosas de manera diferente, o emprender acciones que no pensaron podían realizar. Estas sociedades aun cuando se mueven en una dirección, claramente diferenciada de las prescriptivas, conservan el elemento centralista, como forma de mantener el control de la misma.

Las características culturales de las sociedades emprendedoras incluyen una mezcla de aspectos novedosos con elementos propios de las sociedades prescriptivas. Algunas de éstas incluyen: búsqueda de la funcionalidad, las cosas se hacen porque tienen una finalidad previamente definida; es orgánica, se deja un cierto rango de diferenciación para la toma de decisiones y la administración de la misma; busca la estabilidad, con la idea preconcebida de que lo ideal es responder al ambiente para volver al equilibrio previamente establecido y "adecuado"; considera que la colaboración y la dedicación, valores occidentales, son fundamentales para el logro de resultados. En este sentido, el líder se convierte en muchas ocasiones quizás sin desearlo, en un motivador permanente de los colaboradores, con el consecuente resultado, de un posible desarrollo de la externalización de la motivación de los mismos. Adicionalmente, la sociedad emprendedora considera la disciplina como elemento fundamental de su acción. El líder enfatiza que es a través de la disciplina como se alcanzan los resultados. En analogía con la prescriptiva, estas sociedades son sensibles al *status*. Los roles y funciones son fundamentales, la gente debe predefinir sus acciones y sus alcances dentro de la misma. Por último, las sociedades emprendedoras consideran que la eficiencia es lo fundamental, máximo logro en función de mínimos costos. Al igual que en la prescriptiva, las emprendedoras buscan el control a través de las reglas, con la diferencia de que reconocen la relatividad de las mismas, dependiendo del entorno y del tipo de ambiente que las rodea. Las sociedades emprendedoras funcionan adecuadamente en ambientes plácidos-casuales, donde hay una estabilidad relativa, que cuando cambian, son fácilmente discernibles las causas de la variación.

En las sociedades emprendedoras el líder se caracteriza por ser directivo-consultivo. Buscando la participación de los colaboradores después de haberlos provisto con opciones e ideas preconcebidas. Este estilo de decisión establece de alguna manera que él es quien puede dar las opciones y que los seguidores son electores de algunas de ellas. Adicionalmente, el líder considera que sólo deben intervenir y participar los más aptos. Indudablemente, ello presupone que las personas comunes, quienes no han logrado el desarrollo de ciertas competencias consideradas deseables, no tienen intervención en los procesos decisorios. A manera de ejemplo, esto puede lucir como una normativa desarrollada hace muchos años: sólo pueden votar los que sepan leer y escribir y los hombres. Ello dejaba fuera a los ciudadanos que no habían ido a la escuela y a las mujeres ¿Podemos decir que ellas eran incompetentes para definir su futuro social por no tener escolaridad o por ser del sexo femenino? Por último, aunque el líder considera la participación de los competentes, en estas sociedades es el líder quien determina la aprobación de los mismos. Este tipo de comportamiento define claramente a aquellos gobiernos cuyos líderes se rodean de tecnócratas, a quienes consultan para conocer sus puntos de vista, para luego tomar la decisión que él considera conveniente o adecuada, en el mejor de los casos.

*Organización/sociedad del conocimiento*

La sociedad del conocimiento posee características que la hacen diferente de los tipos descritos anteriormente, la prescriptiva y la emprendedora. Estas características incluyen: alta orientación hacia la resolución de problemas y la toma de decisiones, lo cual, desde el punto de vista del líder, implica el uso de métodos de participación activa por parte de los colaboradores; una concepción clara del cambio, su necesidad y prevalencia.

Las sociedades del conocimiento consideran el cambio constante como una respuesta a las transformaciones de las condiciones del entorno. El líder, en estos casos, lejos de tratar de mantener el *status quo*, estimula activamente el cambio, para hacer que la organización funcione efectivamente. Estas sociedades reconocen el valor de la racionalidad y de la intuición, lo que significa que el líder debe buscar en sus colaboradores estas preferencias de comportamiento. Este balance hace que el líder conciba lo relativo al liderazgo como un proceso de respeto a los estilos y comportamientos de sus colaboradores, en contraposición a la estimulación de un tipo de comportamiento. Esto hace que las sociedades del conocimiento no consideren la posición organizacional de los colaboradores como lo fundamental, sino que se caractericen por equipos flexibles, formados por personas de diferentes especialidades, combinados alrededor de la tarea y dirigidos a tomar decisiones que consideren la diversidad de puntos de vista y el bienestar de la mayoría.

Las sociedades del conocimiento tienden a la descentralización. Este proceso trae implícito la consideración de la responsabilidad compartida y de las diferencias personales y del entorno, en el proceso de liderazgo. El descentralismo implica también que todos somos corresponsables en las decisiones que tomamos, sea porque nos involucramos activamente en ellas, o porque evitamos el compromiso, y dejamos que otros decidan por nosotros. Por último, un elemento fundamental de las sociedades del conocimiento es que la coordinación de las tareas se logra a través del diálogo lo que mueve al líder de una concepción de superioridad a una de igualdad, en donde todos los involucrados tienen capacidad de decidir en los asuntos que les afectan.

Las características expuestas anteriormente, en relación con las sociedades del conocimiento, traen por consecuencia el desarrollo de una cultura flexible, orientada hacia la solución de problemas, la toma de decisiones, el pensamiento crítico y la creatividad. Es una sociedad abierta a nuevas formas de comportamiento y a la consideración de credos y filosofías que están en relación directa con la efectividad. No se trata sólo de obtener lo mejor al menor costo, sino que los resultados tengan impacto positivo sobre la sociedad y quienes la conforman.

El control en la sociedad del conocimiento, lejos de lograrse a través de normativas y regulaciones, se basa en la información para reflexionar. Las reglas existentes tienen que ver con la consideración de los sistemas y los entornos, los cuales intervienen activamente en su diseño. Adicionalmente, las leyes son generales y las reglas y normas contextuales. En las sociedades del conocimiento, las leyes tienden a incluir principios rectores fundamentales que guían los comportamientos, en vez de reglamentos que pretenden determinar paso a paso lo que las personas deben hacer. Ello tiene relación directa con la concepción del cambio como proceso permanente y con la idea de que las organizaciones y las sociedades actuales se encuentran en ambientes turbulentos y globalizados, que implican que el líder y los colaboradores sean capaces de variar sus comportamientos para responder adecuadamente a las cambiantes exigencias de dichos ambientes.

El tipo de liderazgo fundamental en la sociedad del conocimiento, y por inclusión en organizaciones del conocimiento, es el liderazgo transpersonal, el cual considera elementos del liderazgo transformacional o transformador. Un liderazgo caracterizado por: la aceptación de las personas como son, entendiéndolas en sus términos y no juzgándolas; una aproximación a las relaciones en términos de presente, no de pasado; un tratamiento de los cercanos de la misma manera cortés y atenta con la que trata a los extraños o clientes; la confianza en los colaboradores; y la actuación sin búsqueda de aprobación y reconocimiento de los demás. Un tipo de liderazgo que, usando las palabras de Bass y Avolio, considera como elemento fundamental la inspiración de los colaboradores, la cual es puesta en práctica mediante la influencia a través de ideales, la motivación inspiradora, la estimulación intelectual y la consideración individualizada.

En el desarrollo y práctica de una orientación socio-céntrica, concibiendo a la sociedad como una del conocimiento, el líder supera su propio interés para convertirse en un servidor público. Es en este escalón donde encontramos líderes que han hecho cambios fundamentales en la sociedad a la cual pertenecían y que han colocado el bienestar social como fin último de sus acciones. Es necesario en este punto una nota de reflexión ¿Cómo catalogaría usted la sociedad a la cual pertenece? ¿Cuáles son los líderes que usted cree tienen una actitud socio-céntrica? ¿Cuáles de estos líderes conciben la sociedad como una del conocimiento? Es necesario en este momento, ver como el comportamiento socio-céntrico puede proyectarse más allá del entorno inmediato, lo cual nos lleva al siguiente escalón del liderazgo.

## Resumen

El cuarto escalón, desarrollar y practicar una orientación socio-céntrica, mueve la conciencia del líder fuera de los límites de la organización, hacia las acciones que influyen en el entorno inmediato a ella, a la comunidad y a la sociedad. El líder y los colaboradores definen los propósitos organizacionales, sin perder de vista que éstos deben tener consecuencias positivas en la sociedad. El líder se mueve del ego-centrismo hacia el socio-centrismo.

En este escalón, el líder entiende que el bienestar social guía sus acciones. Concibe el cambio social como la norma, promoviendo la conversión de la sociedad en sociedad del conocimiento; así como el desarrollo de una cultura flexible, orientada a la solución de problemas y a la toma de decisiones, al pensamiento crítico y a la creatividad.

El líder en este escalón practica un liderazgo transpersonal, caracterizado por la aceptación y confianza en las personas, la aproximación a las relaciones en términos de presente y la inspiración de los colaboradores, lo cual logra a través de la motivación, la estimulación intelectual y la consideración individualizada.

El líder que alcanza el cuarto escalón se convierte en un verdadero "servidor público" al balancear efectivamente sus intereses con los intereses sociales.

**Del egocentrismo al sociocentrismo**

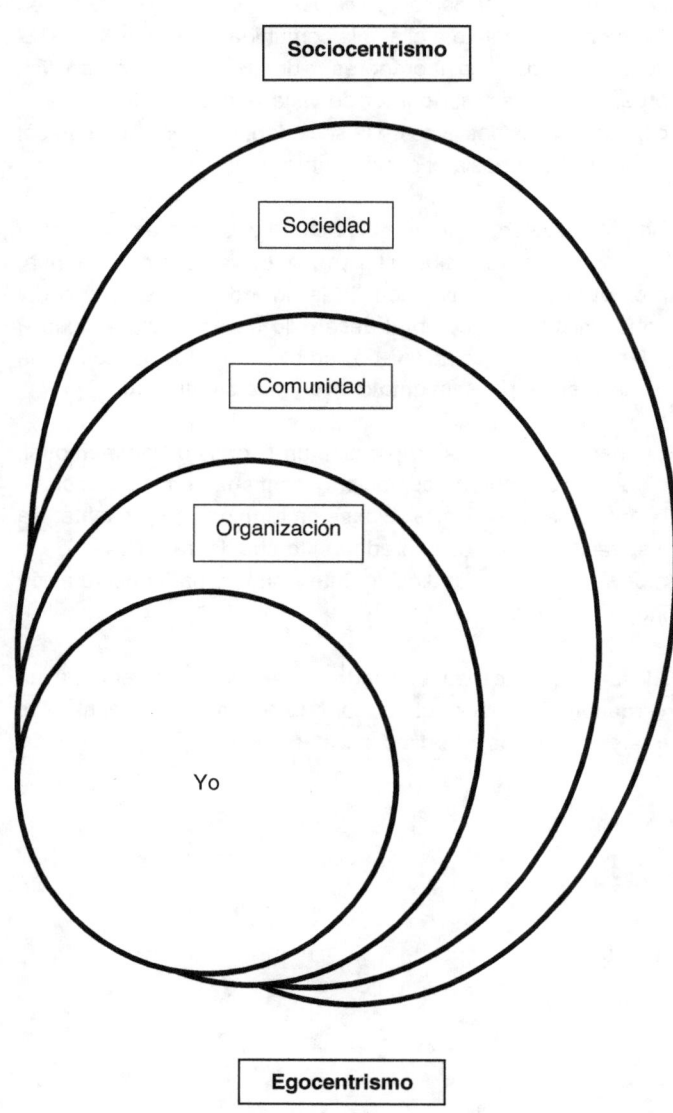

"Los hombres hacen la historia y no al revés. En periodos donde no hay ningún liderazgo, la sociedad se detiene. El progreso ocurre cuando los líderes con coraje y habilidad aprovechen la oportunidad para cambiar las cosas para mejor".


Harry Truman

## 5. Practicar una orientación global y ecológica

El quinto y último escalón del desarrollo del liderazgo, practicar una orientación global y ecológica, constituye el más alto nivel de desarrollo del líder. Tiene que ver con la adquisición de una conciencia global, por la cual el líder entiende que sus acciones influyen y son influenciadas por otras personas, comunidades, culturas y países. Este escalón implica salir del entorno local para aproximarse a un entorno global. Adicionalmente, también significa actuar ecológicamente, no sólo en sentido ambiental, sino aun en un sentido más profundo y relevante: ser ecológico al entender y respetar a otras personas y a sus sociedades, así como sus puntos de vista, su cultura, sus credos y sus ideas. Se refiere a entender y valorar la diversidad, en función del bienestar de las personas, sin importar su origen o etnicidad, está relacionado con la capacidad de ser globalmente empático antes de tomar decisiones que puedan parecer beneficiosas para su entorno local. En resumen, practicar una orientación global y ecológica significa entender que nuestro planeta incluye diversos grupos y que su función como líder es contribuir al bienestar de todos, al bienestar del planeta.

En este escalón hay dos elementos fundamentales que el líder debe considerar: 1) reconocimiento de la diversidad y 2) respeto por las diferencias de los grupos sociales. El reconocimiento de la diversidad está relacionado con lo planteado en párrafos anteriores, en cuanto a que el líder debe entender que las personas tienen distintos puntos de vista, actitudes e ideas. La diferencia en este escalón, con respecto a lo expuesto antes, es que ahora este reconocimiento toma una dimensión global. No se trata de reconocer la diversidad presente en su entorno inmediato, en su organización, comunidad o grupo social, sino en el planeta. Comprende el reconocer que las sociedades poseen costumbres, religiones, credos y filosofías diferentes, y ello no las hace buenas o malas, sino simplemente distintas. El líder que ha alcanzado este escalón practica un tipo de empatía global, que le permite entender y colocarse en el lugar de otros grupos sociales.

El respeto de las diferencias es, en parte, una consecuencia del reconocimiento de la diversidad. El líder que alcanza el quinto escalón considera que los puntos de vista de las personas son tan valiosos como los propios, entiende que las diferencias deben ser resueltas a través del diálogo y la consideración de valores y principios fundamentales globales que deben ser definidos y adoptados con la intervención de todas las sociedades involucradas. Es en este escalón donde el líder se convierte en habitante del planeta, al emprender acciones que son convenientes para todos y no sólo para su grupo social o país. Es aquí donde el líder recibe el apoyo de todos sin importar su nacionalidad. Es aquí donde colocamos a esas personas que son reconocidas como líderes de nuestro planeta. Es el punto máximo del desarrollo del liderazgo.

Nuevamente, una nota de reflexión ¿Cuáles líderes usted considera globales? ¿Qué pueden o deben hacer los líderes para alcanzar esta visión global y ecológica? ¿Puede una persona pretender ser un líder global sin haber alcanzado los otros escalones? Y quizás la pregunta más retadora ¿Cuántos de los que usted consideraba líderes han alcanzado este nivel? ¿En cuál nivel se han quedado? ¿Cómo los llamaría: líderes de primer escalón, líderes de tercer escalón o líderes de quinto escalón? Y por último ¿En cuál escalón situarían a Fidel Castro, la Madre Teresa de Calcula, Hitler, Carter, Napoleón, Bolívar, y a aquellos en quien usted pensó?

**Consideraciones finales sobre el liderazgo de quinto escalón**

En esta sección se presentan, a manera de resumen, algunas consideraciones finales sobre lo que significa el liderazgo de quinto escalón.

El líder que alcanza el más alto nivel de desarrollo se caracteriza por:
1) Tomar riesgos que no han sido tomados por otros.
2) Crear una atmósfera de excelencia, en las personas, la organización, la sociedad y el planeta.

3)  Acceder y usar la información y el conocimiento.
4)  Proveer oportunidades para que las personas accedan y usen la información y el conocimiento.
5)  Facultar a las personas, enseñándolas a aprender a aprender.

En términos concretos, estos líderes ven a las sociedades como sociedades del conocimiento, por ello emprenden acciones que los llevan activamente a:
- Establecer mecanismos para la adquisición de información.
- Crear modelos de diseminación de información.
- Proveer herramientas para que los receptores interpreten la información.
- Estimular el uso de la información para resolver situaciones.
- Reconocer e integrar el nuevo conocimiento.
- Crear mecanismos para almacenar accesiblemente el conocimiento.
- Democratizar el conocimiento

El líder que ha alcanzado este nivel de desarrollo considera que el aprendizaje y el desarrollo, el *empowerment,* son fundamentales para promover el bienestar personal y social, por ello los concibe de manera organizada y sistemática. El líder estimula el aprendizaje de elementos inclusivos, que está caracterizado por reglas contextuales, el manejo de la información, el conocimiento de principios y valores socialmente aceptados y ampliamente deseables, y el meta-aprendizaje, es decir, el aprender a aprender.

Dentro de este esquema los líderes de alto nivel consideran que los colaboradores deben moverse a través de varios niveles de aprendizaje, que no implican orden, pero sí consecución de cada uno de los elementos, que incluyen: conocimiento, entendimiento, aplicación, valoración y voluntad. El resultado de un liderazgo de alto nivel, o escalón, es el desarrollo personal y social, la independencia personal y la interdependencia social.

El líder de alto nivel desea que los colaboradores se muevan hacia altos niveles de desarrollo y para ello los estimula hacia la solución de problemas y la resolución de situaciones específicas; la toma de decisiones, con la estimulación activa para que seleccionen la mejor alternativa de solución desde múltiples perspectivas; el pensamiento crítico, promoviendo el entendimiento del significado de sus acciones y las implicaciones de las mismas; el pensamiento creativo, de manera que tomen riesgos y desarrollen ideas y nuevos productos, aun cuando se aparten de los estatutariamente aceptados; el desarrollo de su potencial de liderazgo, para que se muevan a posiciones donde se conviertan en agentes de cambio pro-sociales y en líderes; el coraje para seguir o retirar su apoyo al líder, cuando éste se aparte de los propósitos sociales y se mueva hacia propósitos personales; y la capacidad para acceder libremente al líder.

El líder de alto escalón faculta a las personas y las estimula a buscar nuevas relaciones, dentro de su propia comunidad y con otras comunidades; reconoce el valor de las asociaciones y por ello las estimula; promueve la asociación de conocimientos, el intercambio de información y el compartir para resolver problemas propios de sus ambientes y entornos inmediatos; establece que las comunidades que poseen acceso a la información y al conocimiento, y los usan para resolver problemas, se desarrollan aún más; faculta a otros líderes para que se conviertan en agentes transformadores e intervengan en el desarrollo de su comunidad en términos de organización de la información y del conocimiento; y exhibe y promueve valores pluri-pro-sociales.

El líder de alto nivel en el ámbito social faculta a la sociedad, socializa a través de la información y el conocimiento y promueve el cambio de sociedades prescriptivas a sociedades del conocimiento. El líder promueve el diálogo como forma de tomar decisiones, basado en valores y principios pluralmente generados y en competencias (habilidades, destrezas, conocimientos, actitudes), dentro de elementos éticos y morales, socialmente definidos, a través del pensamiento crítico, desarrollando en los colaboradores la conciencia de que es necesario responder efectivamente a los ambientes turbulentos y globalizados actuales.

La activación de todos estos elementos se logra a través de una concepción diferente y novedosa del liderazgo. No se trata de influir en los seguidores, se trata de transformar a los colaboradores. Transformarlos en agentes de cambio, con valores y fundamentos éticos pro-sociales, dentro de un mundo global y con el reconocimiento de la diversidad. Esta concepción encuadra dentro de lo que llamaremos Liderazgo Transpersonal, concepción que desarrollaremos en la siguiente sección.

**Resumen**

El quinto escalón, practicar una orientación global y ecológica, constituye el más alto nivel de desarrollo del líder. Está relacionado con la adquisición de una conciencia global, con el entendimiento de que las acciones del líder influyen en las personas, comunidades, y países. En otras palabras, significa ser globalmente empático. Adicionalmente, actuar con una orientación ecológica significa respetar a las personas, las sociedades y sus culturas. Es entender y valorar la diversidad, sin importar su etnicidad, su origen, o sus características.

Los dos elementos principales de este escalón, reconocimiento de la diversidad y respeto de las diferencias de las personas y grupos sociales, están relacionados con la aceptación de las diferencias en cuanto a religión, costumbres, credos y filosofías, sin juzgar si ellas son buenas o malas, sino simplemente diferentes.

El alcance de este nivel está íntimamente relacionado con el diálogo y la consideración de principios fundamentales globales que deben ser definidos y adoptados, con la intervención de todas las personas, organizaciones, comunidades y sociedades involucradas en el logro de los propósitos.

**Liderazgo de quinto escalón.**

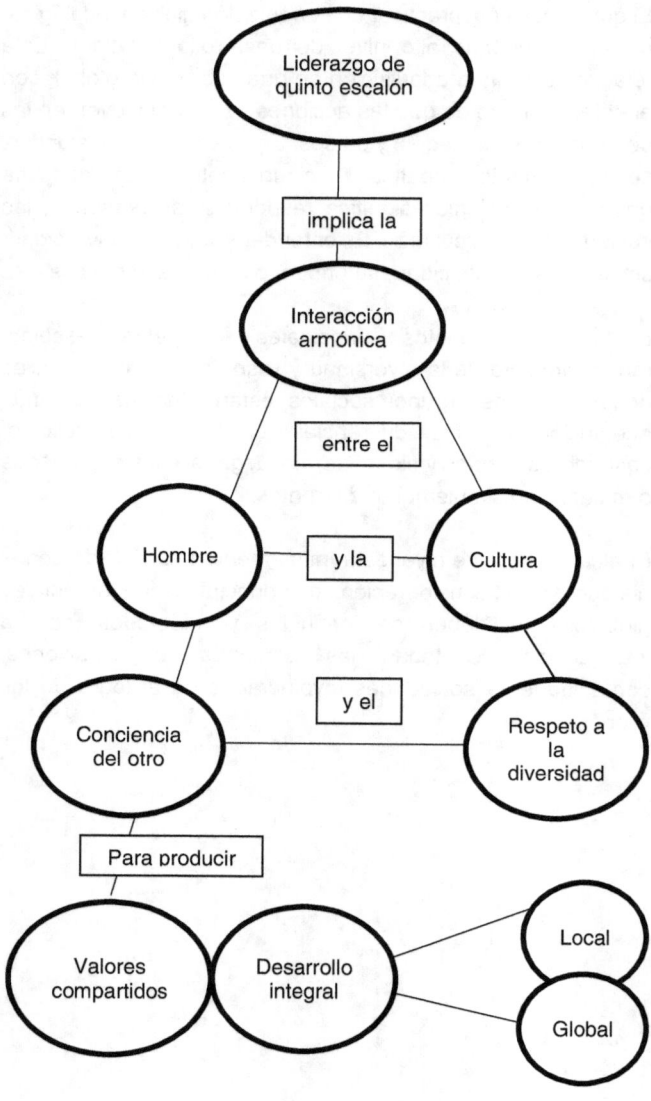

"Liderazgo iluminado es espiritual si entendemos la espiritualidad no como una especie de dogma religioso o 0ideología sino como el dominio de la conciencia donde experimentamos valores como la verdad, la bondad, la belleza, el amor y la compasión y también la intuición, la creatividad, el conocimiento y la atención".

Depra Chopra

## 6 Ética y Liderazgo Transpersonal

Los recientes escándalos de corrupción a nivel mundial parecieran estar permeando todas las esferas del poder público y privado incluyendo presidentes de naciones, banqueros, empresarios, militares, y monarcas, entre otros; basta pasar una mirada por la prensa nacional e internacional para corroborar estos hechos. Aun uno de nuestros más preciados tesoros, la educación refleja la misma tendencia. Beck, en el 2000, establece que el uso de drogas, el embarazo precoz, la delincuencia juvenil son acontecimientos que ameritan una revisión de la dimensión moral y ética del liderazgo, una dimensión que, como lo plantean Bass y Steidlmeier, in 1998, diferencia al líder del pseudo-líder, y que como lo plantean Brown y Treviño en 2006, ha sido poco estudiada.

Brown y Treviño exploraron el significado del término liderazgo ético y encontraron que una gran cantidad de rasgos personales estaban relacionados con el mismo. Las personas perciben a los líderes éticos como honestos, confiables, decisores justos, personas con principios, preocupados por el otro y por la sociedad, con motivaciones altruistas y comportamientos éticos en su vida personal y profesional.

En este mismo orden de ideas - nuestra experiencia en más de 100 talleres sobre liderazgo, donde han intervenido más de 700 personas, de diferentes tipos de organizaciones - cuando le preguntamos que caracteriza a un líder, recibimos respuestas sobre rasgos de personalidad, algunas características relacionados con la dimensión ética incluyeron: integridad (moral y ética), comprensión, compromiso, empatía, honestidad y responsabilidad. Es importante anotar que la gran mayoría de los participantes incluyó las características honestidad e integridad moral y ética. Tal parece que, aunque la ética es uno de los elementos menos estudiados y expresados públicamente cuando se habla de liderazgo, es el que la mayoría de las personas considera que los líderes deben tener.

Otro aspecto que reveló la investigación de Brown y Treviño, por ellos denominado la "dimensión moral del gerente" tiene que ver con quienes "hacen de la ética una parte explícita de la agenda de su liderazgo al comunicar mensajes éticos y valores, al modelar visible e intencionalmente conductas éticas, y al usar un sistema de recompensas para reforzar la responsabilidad de los seguidores" (p. 596). En otras palabras, los líderes éticos muestran coherencia entre sus principios y valores éticos y morales y la manera cómo actúan.

En ese mismo orden de ideas, Amat en 2007, encontró que la coherencia es un atributo poco exhibido entre algunos líderes en educación superior. Si es la ética y la moral una preocupación subyacente en los seminarios y talleres de liderazgo, bien vale la pena su consideración, dentro del liderazgo transpersonal.

La ética es definida como la parte de la filosofía que trata de la moral y las obligaciones del hombre. Esta definición limita los elementos implícitos en lo que es la ética a lo moral y a lo que debe hacerse, la responsabilidad. Considerando lo anterior, creemos que es apropiado definir ética, de la manera que lo hacen Salomón y Hanson en 1983, en su libro *"Above the Botton Line"* (Más allá de lo Básico). Ellos establecen que ética es, primero que todo, la búsqueda y el entendimiento de lo que es bueno para vivir correctamente y para tener una vida que sea valiosa vivir; ven la ética como un asunto de perspectivas que implica colocar cada actividad y propósito en su lugar, y saber lo que es y lo que no es valioso querer, tener y/o hacer. Adicionalmente, es importante definir lo que es un sistema de ética, el cual es visto por Hitt (1990), como un grupo de valores interrelacionados, referidos a los modos preferentes de conducta. En otras palabras, la ética personal es el diagrama, el mapa de lo que es bueno en la vida. En el lenguaje de Pastin (1986), un sistema de ética es el grupo de reglas y principios para tomar las decisiones que son consideradas correctas.

Las definiciones previas incluyen como elementos: los valores y los principios; los cuales pueden ser fácilmente expresados, y a veces compartidos, por las personas y las organizaciones. Sin embargo, cómo definimos lo que es correcto, lo que es bueno, lo debe hacerse y lo que no. Quizás una consideración sobre los tipos de ética nos dé luz en este sentido.

La mayoría de las decisiones que tomamos pueden ser analizadas desde cuatro perspectivas:
- Los resultados son los esperados en términos del máximo beneficio.
- La ley establece lo que debe ser hecho y de qué manera.

- La organización, la comunidad o la sociedad establece los valores, estrategias y principios que deben ser seguidos.
- Las convicciones y la conciencia "dicen" a las personas cómo actuar.

Estas cuatro descripciones representan lo que Hitt, en 1990, llamó sistemas éticos: ética basada en fines y resultados, propuesta por John Stuart, quien establecía que lo moralmente correcto era determinado por las consecuencias y los resultados; ética basada en las leyes, normas y regulaciones, propuesta por Kant; ética basada en el contrato social, propuesta por Rousseau, quien estableció que lo moralmente correcto está determinado por las costumbres, valores, principios y normas de una organización, comunidad o sociedad; y ética personalista, propuesta por Martin Ruber, quien propugnaba que lo moralmente correcto está determinado por la conciencia de la persona.

Estos cuatro sistemas de ética pueden resumirse como:
a) resultado-dependiente,
b) legal-dependiente,
c) socio-dependiente y
d) personal-dependiente.

La aceptación de diferentes sistemas de ética es, quizás, lo que ha permitido que Hitler, la Madre Teresa, Churchill, Napoleón, Bolívar, y Cristo, entre otros, sean considerados igualmente líderes; ya que las personas hacen sus análisis desde diferentes puntos de vista éticos. El problema aparece cuando queremos evaluar las actuaciones, de estos líderes, usando un grupo de criterios que sean ampliamente aceptables, que nos permita encontrar una aproximación a la ética de los líderes.

Thiroux en 2001, en su libro Ethics; Theory and Practice (Ética; Teoría y Práctica) presenta un grupo de atributos que puede ayudar a evaluar las decisiones tomadas, que se relacionan con los sistemas éticos. Él establece que una decisión debe ser:

- Racional pero no privada de la emoción.
- Lógica pero no rígida ni inflexible.
- Universalmente aplicable a la humanidad y aplicable de manera práctica a situaciones particulares.
- Factible de ser enseñada y promulgada.
- Capaz de resolver los conflictos, y de considerar los deberes y obligaciones de los seres humanos.

Agregaríamos a estos atributos, la necesidad de que la decisión produzca el máximo bienestar para todos.

Los líderes toman decisiones considerando diferentes locus de adecuación, basados en sus sistemas de ética. Los que toman decisiones considerando el sistema resultado-dependiente, han creído que lo adecuado es maximizar las consecuencias "deseables" de la decisión. Los que toman decisiones considerando el sistema legal, argumentan que lo adecuado es cumplir con lo que la ley establece. Los que las toman considerando el sistema socio-dependiente, piensan que lo adecuado es lo que la sociedad acepta. Los que toman decisiones basados en el sistema personal, consideran que lo adecuado es lo que "dice" su conciencia. En muchas ocasiones, estos sistemas se sobreponen y las decisiones pueden estar basadas considerando más de un sistema a la vez. Sin embargo, es necesario establecer, que los atributos considerados por Thiroux: ser universalmente aplicable a la humanidad y a situaciones particulares de manera práctica, y ser capaz de resolver los conflictos y de considerar los deberes y obligaciones de los seres humanos; y el atributo que agregamos, que toda decisión debe producir el máximo bienestar para todos, son fundamentales cuando los líderes toman decisiones.

Como expresamos antes, las decisiones no están limitadas a un solo sistema. Por otra parte, lo fundamental no es considerar todos los sistemas para decidir. Lo fundamental es, cuán bien se siente la persona que toma la decisión después de haberla tomado. La aplicación de uno o varios sistemas de éticas, por parte de los líderes, no es garantía de haber hecho lo correcto, tampoco es garantía de que se sientan bien con lo decidido. Sin embargo, nos da un soporte teórico para entender mejor las actuaciones de los líderes, y quizás nuestras actuaciones.

Hitt en 1990, establece una estrategia para decidir sobre situaciones que presentan dilemas éticos profundos, debe aproximarse, primero desde un punto de vista resultado-dependiente; luego, legal-dependiente; después, socio-dependiente; y por último, personal-dependiente. Este proceso, implica el análisis profundo de la situación, desde diferentes ópticas, comprendiendo sus "pros" y sus "contras". No obstante, al final, lo cardinal son dos interrogantes que se desprenden de la decisión ¿Podemos defenderla ante nosotros y ante otros? y ¿Podemos "vivir" con ella?

Es un buen momento para preguntarnos: ¿Pueden los líderes por ustedes conocidos, o considerados por usted como tales, defender de manera consciente y apropiada su decisión ante la sociedad, y cree usted que pueden "vivir" con ella?

Aun cuando usemos un sistema de ética, o como ocurre frecuentemente, varios de ellos, es importante tener claro que la decisión final no la tomó un sistema, la tomó una persona. Tal como lo plantea Hitt, esencialmente, fue la "razón" de la persona la que sirvió de árbitro.

Una reflexión es fundamental aquí, puede la razón estar por encima de las convicciones, o viceversa. Creemos que cuando un líder tiene una "mente amplia" y es confrontado con una decisión difícil, que puede implicar bueno o malo, aún en contra de sus convicciones, debe decidir en función de lo que producirá bienestar para todos. De esta manera, afirmaría su verdadera condición de liderazgo transpersonal, y estaría promoviendo su crecimiento, el cual se expresa en su capacidad para revisar y abandonar sus convicciones, cuando es adecuado para todos.

En este momento, creo que estamos en mejor posición para entender los debates, a veces bizantinos, sobre si lo que hizo Hitler fue adecuado o no, y para quién, o si lo que hace un líder puede ser comprendido, aunque no compartido. Es posible que las personas debatiendo, estén operando desde diferentes sistemas de ética, porque tienen diferentes modos de ver la vida, con diversas experiencias y expectativas. No obstante, creemos profundamente, que la consideración del bienestar de todos, algo así como una mezcla de fines-resultados con contrato social, es lo adecuado. Reflexione usted: ¿No es este uno de los planteamientos de la democracia?

En este sentido, Boatman en 1997, plantea que existen algunos principios éticos, ampliamente compartidos por la democracia, que los líderes deben seguir en sus actuaciones. Ellos son:

- Respetar la autonomía, sin dejar que su libertad a escoger y la de otros sea disminuida;
- Tratar a las personas igualmente, siendo imparcial y objetivo;
- Evitar dañar física, emocional y sicológicamente a otros y a sí mismo;
- Ser auténtico, diciendo la verdad, cumpliendo sus promesas y actuando congruentemente; y
- Proporcionar beneficio, contribuyendo al bienestar de todos.

Estos principios están presentes en el liderazgo Transpersonal. El liderazgo Transpersonal está directamente en consonancia con la democracia como forma político-social, en la cual el bienestar y la participación de todos los que conforman la sociedad es fundamental. Estamos seguros que bajo esta óptica, no todos los llamados líderes, lo son.

En la Escalera del Liderazgo, el Segundo escalón, influir apelando a principios éticos y morales, nos remite a la consideración de los sistemas de ética que suponen el mayor bienestar y beneficio para todos, los sistemas resultado dependiente y socio-dependiente. Estos sistemas de ética son aplicables al contexto global, cuando en el quinto y último escalón del desarrollo del liderazgo, practicar una orientación global y ecológica, el líder entiende que sus acciones influyen y son influenciadas por otras personas, comunidades, culturas y países; ello implica utilizar estos sistemas de ética más allá del entorno local para aproximarse a un entorno global, al entender y respetar a otras personas y sus sociedades, así como sus necesidades, puntos de vista, su cultura, sus credos y sus ideas, para proporcionarles el mayor bienestar posible.

En resumen, practicar una orientación éticamente global y ecológica significa entender que su función como líder es contribuir al bienestar de todos, respetando sus principios y valores, y sus necesidades sociales. El líder se convierte en habitante del planeta, al emprender acciones que son convenientes y son socialmente deseables por todos.

La ética del liderazgo Transpersonal está asociada al desarrollo y a la promoción activa de los colaboradores para alcanzar propósitos social y globalmente compartidos, que conduzcan al bienestar personal, organizacional, social y global.

La ética y liderazgo Transpersonal están directamente relacionados, o quizás es más adecuado decir, están mezclados de una manera indisoluble, de una manera que es imposible separarlos. El líder transpersonal actúa éticamente cuando fomenta en sus colaboradores el pensamiento crítico, promoviendo el entendimiento del significado de sus acciones y las implicaciones de las mismas, en términos de beneficios y aceptación social.

En síntesis, la ética no puede separarse del proceso de liderazgo transpersonal. Un tipo de liderazgo que considera como valores fundamentales la consideración de los puntos de vista y expectativas de los colaboradores, de la organización y de la sociedad, y la toma de decisiones basada en el bienestar todos, el bienestar global.

¿No son acaso éstas, expresiones de una conducta ética y moral?

## Resumen

La ética es definida como la parte de la filosofía que trata de la moral y las obligaciones del hombre. Puede ser vista como un grupo de valores interrelacionados, referidos a los modos preferentes de conducta, como el grupo de reglas y principios para tomar las decisiones que son consideradas correctas. Sin embargo, qué es correcto, qué es bueno, qué debe hacerse y qué no. La consideración sobre los tipos de ética pude ayudarnos a responder estas interrogantes. La mayoría de las decisiones que tomamos pueden ser analizadas desde cuatro perspectivas éticas:

> Resultado-dependiente,
> Legal-dependiente,
> Socio-dependiente y
> Personal-dependiente.

Thiroux en 2001, presenta un grupo de atributos que puede ayudar a evaluar las decisiones tomadas, que se relacionan con los sistemas éticos. Una decisión debe ser: racional sin privarla de la emoción; lógica pero no inflexible; universalmente aplicable a la humanidad y a situaciones particulares; factible de ser enseñada y promulgada; capaz de resolver los conflictos, y capaz de considerar los deberes y obligaciones de los seres humanos. Agregaríamos, capaz de producir el máximo bienestar para todos.

La aplicación de uno o varios sistemas de éticas, por parte de los líderes, no es garantía de haber hecho lo correcto, tampoco es garantía de que se sientan bien con lo decidido. Sin embargo, nos da un soporte teórico para entender mejor las actuaciones de los líderes, y quizás nuestras actuaciones.

La ética y liderazgo Transpersonal están mezclados de una manera indisoluble. El líder Transpersonal actúa éticamente cuando fomenta en sus colaboradores el pensamiento crítico, promoviendo el entendimiento del significado de sus acciones y las implicaciones de las mismas, en términos de beneficios y aceptación social.

## Ética y Liderazgo Transpersonal

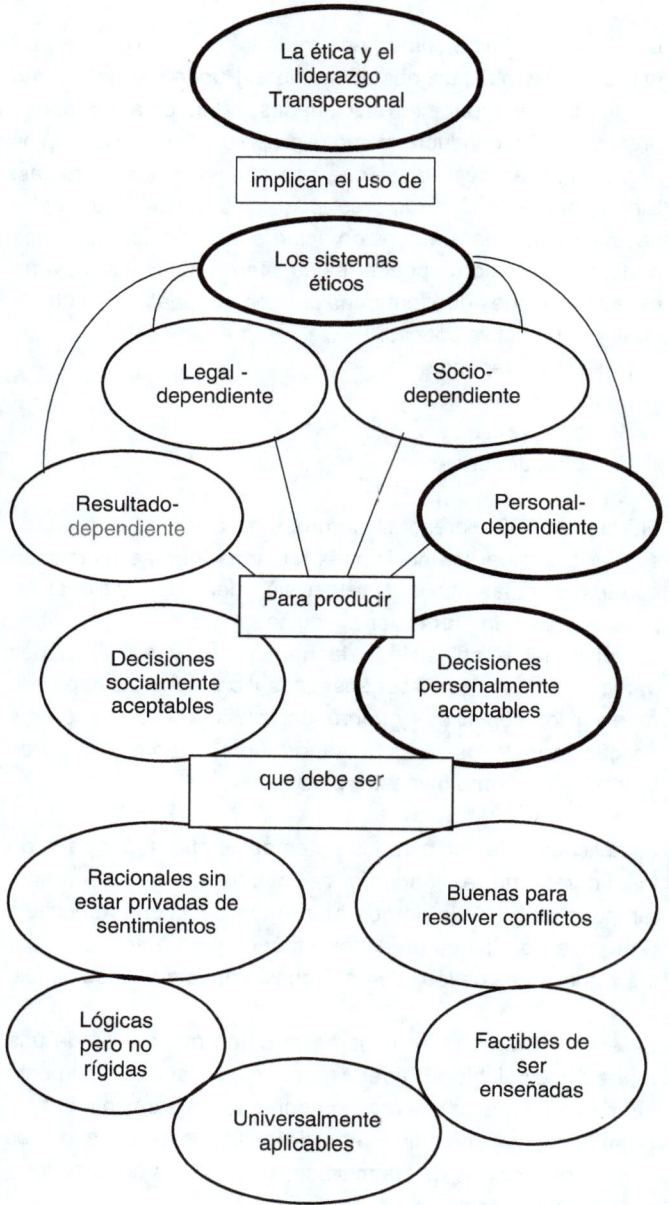

"La ética del liderazgo descansa sobre tres pilares: el carácter moral del líder, los valores éticos del líder que los seguidores abrazan o rechazan y la moralidad de los procesos socio-éticos del líder y sus seguidores".

James McGregor Burns

## 7. El Liderazgo Transpersonal

El término transpersonal significa "más allá" de lo personal, y se refiere a los eventos, procesos y experiencias que trascienden nuestra sensación habitual de identidad y nos permiten experimentar una realidad más amplia y significativa, en términos de sujetos, factores, relaciones y variables involucrados. Daniels en 2008, apunta que el estado transpersonal sería uno en que los seres humanos trasciendan el sentido de sí mismos, para lograr identificarse con una conciencia mayor. Esta conciencia mayor, en términos de liderazgo, podría igualarse al rol social y a la concepción sociocéntrica que los líderes deben ocupar.

El liderazgo transpersonal puede ser relacionado con lo que Wilber ha considerado como el desarrollo de la conciencia. Su modelo escalonado muestra el cambio de la conciencia partiendo desde los niveles inferiores a los niveles superiores. En este modelo, un nuevo nivel, o escalón, abarcaría e integraría a los niveles anteriores, esto conllevaría al desarrollo de nuevas habilidades, conocimientos, destrezas y actitudes. En el liderazgo transpersonal a medida que nos movemos del primer al quinto escalón, vamos aprendiendo, entendiendo mejor, tomando posición, relacionándonos de manera diferente con otros, en fin cambiamos, desde una actitud personal, particular, egocéntrica a una social, general y sociocéntrica, donde el bienestar de todos es el propósito fundamental.

El entendimiento de la transpersonalidad conlleva el entender la conciencia como fenómeno personal, social, y universal. Es lo que Wilber (1949) establece cuando expresa que el nivel transpersonal se alcanza al trascender y tener un nivel de conciencia mayor – nosotros la llamamos conciencia socio-universal. Es lo que Miller (1998) llama un estado trans-egoico, y que es similar a lo que en liderazgo transpersonal llamamos una actitud sociocéntrica.

El liderazgo transpersonal tiene que ver con el desarrollo de los valores, la autorrealización, la trascendencia del yo, la unidad, la conciencia integradora y global, la sinergia entre individuos y especies y el bienestar de todos. El liderazgo transpersonal como proceso de desarrollo, está en consonancia con la psicología transpersonal, la cual está enfocada en el estudio de la conciencia y del desarrollo psicológico interior para encontrar una identidad transpersonal en conexión con la comunidad, y la naturaleza (Stan Grof, 2000, Ferrer, 2002).

El Liderazgo Transpersonal es un proceso a través del cual el líder se desarrolla y promueve activamente el progreso de los colaboradores para alcanzar propósitos social y globalmente compartidos, que conduzcan al bienestar personal, organizacional, social y global. El Liderazgo Transpersonal tiene cuatro elementos fundamentales. El primero, considera que la persona se convierte a sí mismo en otra forma de ser humano, en líder, guiado por elementos éticos y morales y por principios sociales y globales, que tienen el potencial de producir bienestar para la sociedad. El segundo elemento tiene que ver con el desarrollo de otros para que se muevan hacia niveles cada vez más altos en lo personal y lo social. Estos dos elementos están en congruencia con lo que Mc Gregor Burns (1978), en su libro *Leadership*, y Bass y Avolio (1994), en su obra *Improving "Organizational Effectiveness: Through Transformational Leadership*, llaman liderazgo transformador y transformacional, respectivamente. Sin embargo, se mueve más allá de las concepciones de estos autores. El tercero, remueve del líder el poder para influir, hacer cambiar, transformar y pone en la interdependencia, líder, colaborador y contexto, el proceso de toma de decisiones y cambio. Por ello, el líder promueve el desarrollo, el cambio, pero al mismo tiempo reconoce que, durante este proceso, el individuo puede auto-promover su desarrollo y cambio. El cuarto, mueve al líder de la concepción externa a la combinación de lo interno y lo externo. Establece que las personas son lo que sus congéneres, comunidades y sociedades, hacen por ellos, como grupo, al tiempo que también son lo que cada uno hace por sí mismo, como persona.

El líder transpersonal se caracteriza por:
- Autogerenciar su desarrollo basado en elementos éticos y morales socialmente aceptables.

- Facilitar el desarrollo de otros para que alcancen niveles éticos y morales.
- Cambiar, del proceso de liderazgo, el poder para influir por el poder para facilitar el cambio.
- Considerar al colaborador, al contexto y a sí mismo como factores fundamentales del liderazgo, en la toma de decisiones y en el cambio.
- Combinar la motivación interna y externa para estimular el desarrollo individual.
- Moverse del yo hacia la organización y hacia la sociedad balanceando y combinando el conocimiento personal, de sí mismo, con el conocimiento organizacional, el social y el global.
- Proveer y promover la creación de significados "significativos" para los colaboradores.

A continuación comentaremos cada una de estas características con el fin de proporcionar un marco de referencia sobre el Liderazgo Transpersonal.

*Autogerenciar su desarrollo basado en elementos éticos y morales, socialmente aceptables*

El liderazgo transpersonal tiene que ver con la capacidad del líder para autogerenciar su desarrollo. Éste reconoce que no puede ser líder de otros si no lo es de sí mismo. El líder transpersonal considera que este desarrollo está enmarcado dentro de la ética y la moral, de acuerdo con lo social y globalmente aceptado. Es así como en el liderazgo transpersonal, las personas que ejercen influencia, sin considerar el bienestar, al menos, de la mayoría, no pueden ser considerados líderes.

La ética y la moral están definidas por los principios social y globalmente aceptados. El líder transpersonal se mueve del ego y de la localidad hacia lo global, él entiende que es necesario pensar en términos planetarios y en términos regionales o locales, no sólo para iniciar sus acciones, sino para colocarlas dentro de los límites mundiales que se requieran. Una pregunta se hace fundamental en este momento ¿Quién define lo socialmente aceptable? Los líderes transpersonales deberán empezar a moverse hacia la definición de los valores y principios éticos y morales que no pueden ser negociados y que son inherentes a todo ser humano. Este proceso, aunque se avizora largo y complejo será necesario para poder establecer una forma de acuerdo global, en el cual no se ponga en riesgo la integridad del ser humano, en su contexto más local, ni la de pueblos o países, en un contexto más amplio.

*Facilitar el desarrollo de otros para que alcancen niveles éticos y morales*

El líder transpersonal es un promotor y facilitador del desarrollo de otras personas, a quienes concibe como líderes potenciales, que necesitan moverse hacia niveles éticos y morales cada vez más altos. El liderazgo transpersonal, en este sentido, tiene un profundo ingrediente pro-social y está relacionado con promover el aprendizaje a través del *empowerment*, propiciar la participación activa, la reflexión de la actuación personal, la metacognición, como formas de entender los procesos y la democracia como actitud social.

El *empowerment*, como proceso fundamental para que las personas posean la capacidad de influir y de decidir, fue tratado en secciones anteriores. Como fue establecido, *empowerment* es facultar, es darle poder a la gente, es entender que el mejor poder es el que está ampliamente distribuido en la mayoría de las personas. Poder para decidir, para cambiar, para tomar nuevos rumbos. Siempre dentro de lo que el bienestar global significa. Igualmente, en párrafos anteriores consideramos la promoción de la participación activa como forma fundamental del liderazgo. Promover la participación significa estimular a los colaboradores para que se conviertan en partícipes de los procesos de cambio, para que se muevan de la actitud contemplativa a la de intervención. El liderazgo transpersonal se fundamenta en la promoción de la participación activa, porque es en ella donde radica el fundamento de la democracia. Es por ello que el líder transpersonal considera que la democracia -como actitud fundamental propia, y como actitud para facilitar su desarrollo- es básica para que exista un verdadero liderazgo transpersonal. En este caso, la transpersonalidad se concreta en la existencia de puntos de vista disímiles sobre un mismo asunto, y en la búsqueda del consenso para resolver las diferencias, con los parámetros fundamentales rectores que son la ética y la moral, social y global.

En esta concepción de democracia no basta con tener una legitimidad local o regional, sino que es necesaria una legitimidad global, la cual se relaciona con la aceptación de principios y valores humanos, que traspasan las barreras locales y se mueven hacia el contexto planetario. Esta legitimidad no tiene que ver con el seguimiento de procesos o procedimientos, externamente definidos, sino con el fin último del liderazgo, el bienestar de todos. Es aquí donde se hace imposible catalogar a Hitler como un líder, usando como argumento que estaba buscando el bienestar de los suyos. Es entonces cuando el verdadero liderazgo adquiere un contexto humano y universal.

*Consideración del líder, los colaboradores y el contexto como factores fundamentales del liderazgo (toma de decisiones y cambio)*

El líder transpersonal entiende claramente que el liderazgo no sólo es el producto de los colaboradores y del contexto, sino que está consciente de que sus acciones afectan más allá de los comportamientos inmediatos que ellos manifiestan. El líder transpersonal conoce que la influencia que genera en otros, y que otros generan en él, afecta sus acciones y sus pensamientos, más allá de la inmediatez.

El líder transpersonal sabe que los procesos de toma de decisiones y de cambio están afectados y relacionados con elementos que van más allá de los inmediatos, comprende que el contexto moldea, promoviendo o retardando, los procesos decisorios o de cambio, entendiendo que promover cambios sin considerar todos los elementos involucrados, reduce la posibilidad de su implementación y éxito. En este sentido, el líder transpersonal tiene un enfoque, una filosofía sistémica, del proceso de liderazgo, y de las acciones que lidera. El líder transpersonal entiende que existe una íntima interdependencia entre los diversos elementos sociales, y que la acción sobre uno de estos elementos afectará a los demás. Adicionalmente, el líder transpersonal concibe a cada individuo, institución o entidad social, como sistemas en sí mismos, sabe que dentro de estos sistemas están ocurriendo interdependencias que pueden afectar positiva o negativamente, o promover o retardar los cambios a niveles más amplios. El líder transpersonal considera todas estas relaciones antes de tomar decisiones, proponer e implementar un cambio.

*Combinar la motivación interna y externa como fundamentales para el desarrollo individual*

El líder transpersonal, cuando se conoce a sí mismo, entiende cuáles son sus necesidades individuales, cuáles puede proveerse a sí mismo y cuáles pueden ser provistas a través de elementos externos. El líder transpersonal tiene una alta motivación interna que se convierte en el generador de su acción. En las palabras de McClelland (1985), es una persona altamente motivada por el logro, por el hacer las cosas efectivamente. Él o ella emprenden las acciones sin buscar el reconocimiento como fuente motivadora principal, no se basan en lo que le pide su grupo inmediato, sino que emprenden las acciones porque están conscientes de que su función está íntimamente relacionada con el bienestar social, siendo esta conciencia un elemento motivador. El líder transpersonal balancea sus necesidades individuales, que puede por sí mismo suplir, con las que pueden ser proporcionadas externamente, reconociendo que muchas de las necesidades que él tiene pueden ser satisfechas a través de otros.

El líder transpersonal, en relación con los colaboradores, reconoce que existen igualmente motivos y requerimientos personales, que los mueven en una dirección determinada. Al tiempo que reconoce que ellos tienen necesidades que pueden ser suplidas o facilitadas a través de incentivos externos. Lo que hace el líder transpersonal es proveer inicialmente, a los colaboradores, incentivos que los motiven, al tiempo que usa elementos socialmente aceptables para que sustituyan estos incentivos externos, de manera que se conviertan en personas automotivadas al logro y por una actuación socialmente deseable.

El líder transpersonal combina para sí, y para otros, la motivación interna y la externa para alcanzar el desarrollo personal. Lo que hace es adquirir conciencia, al tiempo que facilita en otros la toma de conciencia, de que su desarrollo es una mezcla de su responsabilidad internamente dirigida y la co-responsabilidad de sus colaboradores. Al mismo tiempo, el líder transpersonal entiende que él es co-responsable del desarrollo de sus colaboradores. No se trata de decir que cada quien tiene que hacer las cosas por su cuenta, sino, por el contrario, que mucha de la responsabilidad del desarrollo de otros está relacionada con la facilitación que él realice. También reconoce que el trabajo de sus colaboradores se logrará efectivamente, en la medida en que las necesidades individuales, las organizacionales y las sociales estén alineadas.

*Moverse del yo, hacia la organización y hacia la sociedad balanceando y combinando el conocimiento de sí mismo, con el conocimiento organizacional, social y global*

El liderazgo transpersonal tiene su razón de ser en pasar del yo, a la sociedad global. El líder transpersonal entiende que el liderazgo implica moverse del yo, hacia la organización, hacia la sociedad local y por último hacia la sociedad global. Lo que hace a un líder transpersonal es la clara concepción de que debe liderarse a sí mismo, para poder emprender el liderazgo en otros contextos.

El líder transpersonal se conoce a sí mismo, determina cuáles son sus fortalezas, sus potencialidades y sus necesidades de desarrollo, tanto desde el punto de vista de competencias de liderazgo, como desde el punto de vista de competencias de personalidad. Él reconoce sus características como persona, y las pone al servicio del liderazgo. Reflexiona sobre sus características y sus actuaciones, al tiempo que pide, a través del *feedback* y de técnicas de evaluación de 360 grados, que otros le planteen la percepción que tienen de él. En este sentido, instrumentos e inventarios de personalidad y auto conocimiento son fundamentales para que el líder sea capaz de saber el porqué de las actitudes y los comportamientos. Adicionalmente, el líder transpersonal debe practicar la reflexión sobre sus acciones de manera permanente. Es decir, pensar profundamente en por qué actuó de una manera en una determinada circunstancia, por qué otros reaccionaron como lo hicieron, qué hizo, o dejó de hacer, qué produjo una cierta reacción, deseable o no. En otras palabras, la reflexión sobre sus acciones le permitirá reforzar ciertos comportamientos o le hará consciente de cuáles deben ser modificados.

El segundo elemento fundamental del liderazgo transpersonal es el conocimiento de la organización. Ello significa conocer la cultura organizacional y las motivaciones y características de los miembros que la conforman. El líder transpersonal sabe cuál es la filosofía de la organización, la cual debe estar altamente orientada por el logro sus objetivos en concordancia con el bienestar social. Adicionalmente, no sólo está consustanciado con la filosofía y la cultura, sino que las promueve activamente. Al mismo tiempo, el líder transpersonal conoce los credos y las ideas de los miembros que conforman la organización, entiende el porqué se comportan de una manera y usa este entendimiento para que superen como individuos, para que sean partícipes de la expansión de la organización y para que desarrollen el entorno en el cual la organización opera.

El líder transpersonal entiende que él es parte de una organización, y que una de sus funciones fundamentales es lograr el mayor beneficio para ella. Sin embargo, el beneficio de su organización o grupo debe estar acompañado de un logro social más amplio. Él sabe que el bienestar de su organización no puede estar en contra del entorno donde la organización, sociedad o país opera. El líder transpersonal actúa considerando un contexto que va más allá del entorno social local, para moverse hacia el global, universal, entendiendo que sus acciones tendrán impacto, en otras culturas, en otros países.

El liderazgo transpersonal como proceso está relacionado con el moverse a través de diferentes concepciones del liderazgo, con promover la participación y el crecimiento del ser humano en todas las facetas de su personalidad. Implica el desarrollo de competencias en áreas de conocimiento específicas, la internalización de actitudes pro-sociales, y la consideración de los demás como personas capaces de promover su propia superación y la de otros.

Una concepción transpersonal implica que los individuos se muevan hacia los más altos niveles de desarrollo personal, ético y moral. La transpersonalidad corresponde a una visión del liderazgo, en donde se acepta la posibilidad de que existan más de dos líderes en una misma situación y que cada uno de ellos sea líder en su área y pueda ejercer el liderazgo como forma de influencia en cualquier momento o situación. El liderazgo transpersonal mueve el liderazgo de la posesión permanente de poder, hacia la noción de consideración del contexto. El líder transpersonal entiende el liderazgo como un proceso que puede estar en todas las personas, los grupos, las sociedades y el planeta. El corolario fundamental del liderazgo transpersonal es el respeto por sí mismo y por los demás.

*Proveer y promover la creación de significados "significativos" para los colaboradores*

Los líderes transpersonales consideran que la forma en que generan significados en los colaboradores es fundamental para el proceso de liderar. En este sentido, se mueven de la provisión de información o de ideas para la acción basadas en el qué, a la consideración de los elementos que motivan la proposición de una idea o que acompañan a una información. Los líderes transpersonales establecen y comunican la información, sus ideas, la visión y la misión de la organización, grupo social o país; esto es, el qué. Establecen lo que significa la información, las ideas, la visión y misión, el significado del qué. Promueven activamente el compartir el significado de la información, ideas, misión y la visión, el significado del qué compartido. Proveen información y conocimiento para que los colaboradores implementen la misión, el cómo teórico.

Promueven y permiten la creación de nuevas formas y la adaptación de otras ya existentes para implementar ideas, visión y misión, el cómo práctico. Establecen, con los colaboradores *benchmarks* y estándares de logro, el significado de la calidad. Estimulan en los colaboradores la capacidad para valorar la implementación y el logro, el significado de la evaluación.

El líder transpersonal establece el qué, el porqué, el cómo, lo adecuado, los logros, con los colaboradores, a través de un proceso democrático, en el cual se acepta, promueve y respeta la participación de todos, directa o indirectamente, incluso la de quienes están fuera del entorno inmediato, usando como principios rectores la ética y la moral, globalmente definidas, con el fin de emprender acciones pluri-pro-sociales.

Los párrafos anteriores han descrito una forma de concepción del liderazgo y del líder que se mueve de la simple capacidad para influir sobre otros y lograr a través de otros, hacia una concepción de la comprensión de que influir y ser influenciado es necesario; con la comprensión de que no se tiene que lograr a través de otros, sino con otros.

Una reflexión final:

Piense en su organización, comunidad, país, o en el contexto global,

¿A quién o quiénes catalogaría como líderes transpersonales?

## Resumen

El Liderazgo Transpersonal es un proceso a través del cual el líder se desarrolla y promueve activamente el aprendizaje de sus colaboradores para alcanzar propósitos social y globalmente compartidos, que conduzcan al bienestar personal, organizacional, social y global.

El Liderazgo Transpersonal tiene cuatro elementos fundamentales: 1. Considera que la persona se convierte a sí mismo en líder, guiado por elementos éticos y morales y por principios sociales y globales, que poseen el potencial de producir bienestar para todos. 2. Promueve el desarrollo de otros para que se muevan hacia niveles cada vez más altos en su desarrollo personal y social. 3. Remueve del líder el poder para influir, hacer cambiar y transformar, hacia la interdependencia: líder, colaborador y contexto, el proceso de toma de decisiones compartidas y el cambio. El líder propicia el crecimiento, el cambio, pero al mismo tiempo reconoce, que durante este proceso, el individuo puede auto-promover su desarrollo y cambio. 4. Mueve al líder de la concepción externa a la combinación de lo interno y lo externo; esto es, establece que las personas son lo que sus congéneres, comunidades y sociedades hacen por ellos, como grupo, al tiempo que también son lo que cada uno hace por sí mismo, como persona.

**Liderazgo Transpersonal**

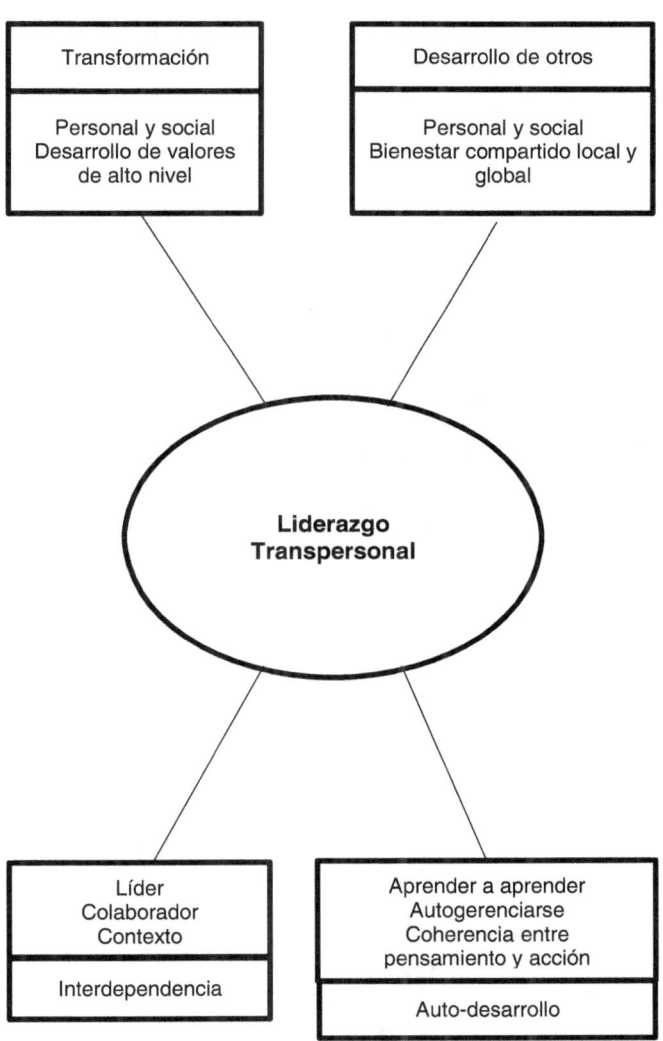

Coh

"El líder Transpersonal transciende a su yo, y deja un legado socio-global que perdura en el tiempo y marca significativamente a la humanidad".


Antonio Nicolás Rubino
Manuela Amat

**Liderazgo Transpersonal en el contexto organizacional**

En este capítulo colocaremos al Liderazgo Transpersonal en el contexto organizacional. Haremos una diferenciación entre liderazgo y gerencia utilizando como elementos de comparación los escalones de desarrollo del Liderazgo Transpersonal. Sin embargo, queremos mostrarles algunas comparaciones que han sido realizadas anteriormente. Por ejemplo, McFarland, L., Senn, L. y Childress, J. (1997) realizaron una diferenciación entre gerentes y líderes. Resumimos las consideraciones de estos autores en tres grupos: control y poder, concepción de la tarea y relaciones con otros y con el contexto, como sigue:

| Gerente | Líder |
|---|---|
| Control y poder ||
| • Jefe<br>• Ejerce control<br>• Promueve autoridad centralizada<br>• Dirige con reglas y normas<br>• Establece el poder por jerarquía<br>• Desarrolla obediencia | • Formador y facilitador<br>• Faculta (empower)<br>• Distribuye el liderazgo y la autoridad<br>• Guía con valores compartidos<br>• Desarrolla el poder de las relaciones<br>• Desarrolla compromiso |
| Concepción de la tarea ||
| • Se concentra en sus objetivos particulares<br>• Se centra en las tareas y en las cifras<br>• Cambia debido a la crisis o necesidad | • Se concentra en la visión y la estrategia organizacional<br>• Se centra en el receptor del servicio<br>• Promueve el aprendizaje e innovación |

| Relaciones | |
|---|---|
| • Confronta y compite <br> • Hace hincapié en la independencia <br> • Prefiere las redes de amigos y conocidos <br> • Estimula la competitividad dentro de la organización <br> • Se focaliza en el yo, su unidad, la organización | • Colabora y unifica <br> • Hace hincapié en la interdependencia <br> • Respeta, honra y respalda la diversidad <br> • Estimula la competitividad global y hacia afuera <br> • Se focaliza en la organización, la comunidad, la sociedad, el mundo |

La gerencia parece estar más relacionada con el ejercicio de poder legítimo en la organización, para mantener los controles necesarios, de manera que la misma opere eficientemente; la tarea es vista en función de objetivos preestablecidos que deben alcanzarse y que definirán el éxito o fracaso de la organización; y la organización se concibe conformada por unidades independientes, donde cada una debe hacer lo mejor posible y ser competente en sus procesos y resultados particulares. El liderazgo, por otra parte es visto como un proceso relacional donde el poder es distribuido y donde no se instruye sino que se promueve el compromiso como forma de autorregulación; así mismo, el liderazgo se centra en los elementos estratégicos que deben desarrollarse para proveer el mejor servicio, concibiendo este servicio como un elemento factible de mejorar continuamente; por último, el liderazgo ve la interdependencia como elemento fundamental de la estructura organizativa, donde todas los sistemas intra y extra organizacionales están conectados.

Kotter (2005) ha hecho esta diferenciación entre gerencia y liderazgo considerando algunas actividades propias de procesos organizacionales, los cuales incluyen planificación, organización, control y resolución de problemas, y resultados. El considera:

| Planificación | |
| --- | --- |
| Gerencia | Liderazgo |
| • Establece pasos y tiempos para alcanzar resultados.<br>• Distribuye recursos para asegurar el logro de resultados. | • Desarrolla una visión de futuro.<br>• Desarrolla estrategias para alcanzar la visión. |
| Organización | |
| Gerencia | Liderazgo |
| • Crea estructuras para alcanzar los planes.<br>• Distribuye el personal.<br>• Delega en algunas personas.<br>• Crea políticas y procedimientos para guiar al personal.<br>• Crea sistemas de supervisión y control. | • Comunica la dirección de la organización.<br>• Promueve la colaboración y cooperación.<br>• Promueve la formación de equipos y coaliciones para implementar las estrategias.<br>• Promueve la aceptación de la visión y las estrategias. |
| Control y Resolución de Problemas | |
| Gerencia | Liderazgo |
| • Monitorea los resultados.<br>• Identifica y corrige las desviaciones de los planes. | • Motiva e inspira a las personas para superar problemas potenciales o presentes.<br>• Promueve la autoevaluación de la ejecución.<br>• Promueve cambios para resolver nuevas situaciones. |

| Resultados | |
|---|---|
| Gerencia | Liderazgo |
| • Se focaliza en la predicción y el orden para producir los resultados esperados por los interesados en la organización (clientes, accionistas, empleados, etc.). | • Produce cambios y nuevas maneras de responder, adecuadas para los interesados en la organización. |

La gerencia parecería estar relacionada a aspectos tácticos-operativos y el liderazgo a aspectos estratégicos. Puesto en otros términos, los líderes parecen ser aquellos que tienen una visión holística de la organización y su entorno, inmediato y amplio; los gerentes ven la organización dentro de un contexto más local y más orientado al mantenimiento de la organización en el corto y mediano plazo. El líder parece estar más concentrado en una visión a largo plazo; el gerente parece estar más concentrado en el día a día. La pregunta que siempre nos hacen, y que ustedes pueden responder es: ¿Quién es mejor para la organización? ¿Quién hace más falta en la organización? ¿Debemos desarrollar líderes o gerentes?

Pareciera que no hay respuestas taxativas a estas preguntas. Las organizaciones necesitan buenos gerentes que las mantengan operando adecuadamente, dentro de parámetros de eficiencia que le permitan producir los bienes o servicios y complacer a los clientes. Sin embargo, en ambientes volubles, como los actuales, pareciera que tener permanentemente una visión o idea de cambio, es necesaria. Es preciso ver más allá de lo evidente y posicionar mentalmente a la organización en los años porvenir. Esto parece ser un trabajo más de líderes que de gerentes. Las organizaciones necesitan buenos, excelentes gerentes, que le garanticen su día a día, y también necesitan buenos líderes que las hagan soñar y hacerse mejores aun cuando lo estén haciendo bien. Nos parece que una forma natural de desarrollo de las personas en las organizaciones es que se muevan de la gerencia al liderazgo, que vayan progresivamente, después de entender a la organización, y sus procesos propios, moviéndose a otros roles más estratégicos. No obstante, lo que nos parece natural, no tiene que suceder siempre de esta manera. Es posible que una persona que no haya ocupado cargos gerenciales, pueda liderar adecuadamente a la organización. Sin embargo, creemos que lo primero es más adecuado y factible.

*La Escalera del Liderazgo: El liderazgo Transpersonal en Contexto*

La diferenciación entre gerencia y liderazgo realizada por McFarland y asociados y Kotter, puede ser hecha considerando los estadios de desarrollo del Liderazgo Transpersonal. Podríamos ver cuáles de los factores estudiados en cada estadio se comprometen más con la gerencia o con el liderazgo. Estas consideraciones no están basadas en estudios controlados, sino en las opiniones de diversos participantes en talleres de liderazgo, especialmente, participantes pertenecientes a universidades internacionales y del Caribe, quienes ocupan cargos de alta gerencia en las mismas. A manera de recordatorio, los estadios de desarrollo del liderazgo Transpersonal incluyen: influir sobre las personas, influir a través de principios éticos socialmente aceptables, facilitar el desarrollo personal y organizacional, practicar una actitud sociocéntrica y practicar una orientación global y ecológica.

En el primer escalón, influir sobre las personas, consideramos las formas de ejercer influencia, en la gerencia o en el liderazgo se distribuyen de la siguiente manera:

| Gerencia | Liderazgo |
|---|---|
| <ul><li>Persuasión racional</li><li>Conquista</li><li>Conexión personal</li><li>Transacción</li><li>Legitimación</li><li>Presión</li></ul> | <ul><li>Persuasión racional</li><li>Persuasión idealista</li><li>Consulta</li><li>Coalición</li></ul> |

En relación con el segundo escalón, influir a través de principios éticos socialmente aceptables, donde los tipos de poder fueron ampliamente considerados, podemos establecer que algunos parecen ser más usados por los gerentes y otros más usados por los líderes. Ello incluye:

| Gerencia | Liderazgo |
|---|---|
| • Legítimo / formal<br>• Recompensa y coercitivo<br>• Posesión de información | • Experto<br>• Referencia |

El tercer escalón, facilitar el desarrollo personal y organizacional, nos lleva a la consideración de varios procesos de desarrollo, algunos pueden ser visto como procesos más gerenciales y otros como procesos más asociados al liderazgo, ellos son:

| Gerencia | Liderazgo |
|---|---|
| • Delegación<br>• Entrenamiento | • Empowerment (facultación)<br>• Educación y desarrollo<br>• Decisión compartida |

En el siguiente estadio, Practicar una actitud sociocéntrica, consideramos los tipos de organizaciones. Basados en ello, podemos clasificar algunas formas de organización más proclives a adoptar procesos gerenciales y otras más proclives a adoptar procesos de liderazgo.

| Gerencia | Liderazgo |
|---|---|
| • Prescriptiva | • Emprendedora<br>• Del conocimiento |

Así pareciera, que las organizaciones más prescriptivas usan formas de conducción más cercanas a la gerencia, mientras que la organizaciones emprendedoras o del conocimiento, usan formas de conducción que descansan más en el proceso de liderazgo.

Por último, el estadio más alto, practicar una orientación global y ecológica, nos lleva a un dilema interesante, no es posible calificar ningunas de las acciones como propias de la gerencia o del liderazgo, porque desde nuestro punto de vista y desde el punto de vista de muchos participantes, todas son acciones propias del liderazgo. Ellas incluyen:

• Valorar la diversidad

- Ser globalmente empático, colocándose en el lugar de otros grupos sociales.
- Buscar el bienestar personal y social
- Promover la independencia personal y la interdependencia social
- Buscar relaciones dentro de su comunidad y con otras comunidades.

Los líderes transpersonales como lo establecimos antes, gerencian su desarrollo mientras facilitan el desarrollo de otros, actúan considerando a otras personas y otros elementos del contexto, moviéndose del yo, a la organización, a la sociedad y al mundo, proveen significados significativos, desarrollan en las sí mismos y en otros la motivación y el control interno, al tiempo que reconocen y usan incentivos externos que pueden mover a las personas en la dirección adecuada, para promover su bienestar, el de la organización y el de la sociedad.

## Resumen

Existen claras diferencias entre gerencia y liderazgo. Algunas de ellas incluyen:

La gerencia está relacionada con el mantenimiento de los controles de manera que la organización misma opere eficientemente. Mientras que el liderazgo es visto como un proceso relacional donde el poder es distribuido y donde no se instruye sino que se promueve el compromiso como forma de autorregulación.

La gerencia está relacionada a aspectos tácticos-operativos y el liderazgo a aspectos estratégicos.

Las organizaciones necesitan gerentes que las mantengan operando adecuadamente, con eficiencia que les permitan producir los bienes o servicios para los clientes internos y externos. Sin embargo, en ambientes volubles, como los actuales, pareciera que tener permanentemente una visión o idea de cambio, es necesaria.

Al considerar las etapas del liderazgo Transpersonal y su relación con la gerencia y el liderazgo encontramos que algunas formas de influencia propias de la gerencia incluyen: persuasión racional, conquista, conexión personal, transacción, legitimación, y presión; mientras tras están asociadas al liderazgo: persuasión racional, persuasión idealista, consulta y coalición. La misma diferenciación puede hacerse con relación a los tipos de poder, los procesos de desarrollo y los tipos de sociedades y organizaciones.

"Recuerda la diferencia entre un jefe y un líder; un jefe dice
'anda!' - un líder dice '¡vamos!'".

E.M Kelly


"La gerencia está relacionada con la eficiencia al subir la
escalera del éxito; el liderazgo determina si la escalera
está apoyada en la pared correcta".


Stephen R. Covey

### Una Nota Final de los Autores

Después de finalizar los párrafos anteriores hemos llegado al convencimiento de que el liderazgo es algo más profundo que dirigir a las personas. Creemos que el liderazgo tiene un alto contenido ético, moral y socio-global.

Una persona no es líder porque alguien en un momento dado le proporcione el poder, porque tenga una posición en una organización o grupo social, o porque sea capaz de lograr que la gente haga lo que él desea. Lo que hace a una persona un líder verdadero es la búsqueda del bienestar para todos, es el respeto que muestra en sus acciones, de las opiniones y puntos de vista de otros, es el respeto a la diversidad. Indudablemente, influir es necesario para que haya liderazgo. No obstante, la influencia que ejerce el verdadero líder, permite que otros se desarrollen y se conviertan en líderes.

El Liderazgo Transpersonal lleva implícito en su definición una dimensión de desarrollo personal y social para el bienestar de todos. La sola consideración de la dimensión de influencia sobre otros, que hasta ahora han usado muchas personas, es limitante y proporciona al liderazgo un rango de ordenador y proveedor de estructura que irrespeta a las personas que necesitan y tienen derecho de intervenir en las decisiones que los afecten.

El reto principal en este momento es cambiar nuestro paradigma en relación con lo que hemos venido considerando como cierto, es redefinir el liderazgo en función de la búsqueda del bienestar de todos y no el de una persona, sector, grupo, o país. Creemos que no es un verdadero líder quien emprende acciones con el propósito de lograr un sueño personal, que no redundará en bienestar general. Creemos que no es líder quien, para obtener los resultados que desea, pasa por encima de otros, reduciendo sus posibilidades de desarrollo y de participación en los procesos sociales en los que tienen interés y dentro de los cuales van a vivir.

El líder emprende su desarrollo hacia el Liderazgo Transpersonal cuando entiende que es parte del mundo, de un sistema, que va más allá del contexto personal, grupal, local o regional; cuando entiende que sus comportamientos, en cualquiera de esos contextos, afectan a otros que pueden estar en un entorno no inmediato. Lo que desarrolla al líder hacia el Liderazgo Transpersonal es su capacidad para pensar sistémica, global y ecológicamente.

Sin embargo, pensar de manera global y ecológica no es suficiente para alcanzar el Liderazgo Transpersonal. El líder debe unir sus acciones a principios éticos y morales relacionados con el bienestar permanente de las personas. Por ello, dentro de nuestra concepción de Liderazgo, muchos de los llamados líderes, por algunas personas, no lo son. Es posible que los podamos llamar dirigentes, gobernantes, coordinadores o gerentes, pero no son líderes dentro de la concepción social y transpersonal que consideramos fundamental en las sociedades actuales. Nuestra noción del Liderazgo Transpersonal está íntimamente unida a la búsqueda y al alcance de los propósitos que marcan a la sociedad, en su sentido más amplio, en términos temporalmente duraderos y positivos. El Liderazgo Transpersonal tiene que ver con la trascendencia del líder hacia un estadio de desarrollo considerado positivo por la mayoría de las personas porque dejaron un legado para la humanidad. Es por esto que pensamos que Jesús de Nazareth, Gandhi, Nelson Mandela y la Madre Teresa de Calcuta, entre otros, alcanzaron la transpersonalidad.

El punto en este momento es ¿quién define lo que es ético y moralmente deseable? Creemos que tal definición no es única para todos. No obstante, es parte del trabajo del líder buscar activamente cuáles son estos principios en la dimensión global más amplia. Promoviendo y facilitando que los colaboradores también los busquen activamente, los definan a la luz de sus congéneres, los internalicen, y se conviertan en líderes de sí mismos.

Quizás, ahora sea un buen momento para que usted se haga dos preguntas fundamentales, las cuales, creemos, no podemos responder directamente ¿en cuál escalón del desarrollo del liderazgo están muchos de los llamados líderes actualmente? y ¿quiénes de los líderes considerados por muchos como tales, son líderes transpersonales?

Creemos que las respuestas están en una fábula que aprendimos hace varios años en un taller sobre liderazgo, y que quien la narró llamó: La fábula del hombre sabio y los adolescentes.

En un pueblo lejano había un hombre sabio, quien siempre tenía respuestas para los problemas y situaciones que le planteaban. En una ocasión dos adolescentes cansados de oír que el hombre siempre tenía las soluciones, y movidos por la inquietud traviesa de la edad, deciden engañarlo. Para ello atrapan un pajarito y deciden preguntarle al hombre sabio si el pajarito que atraparon estaba vivo o muerto. Si el hombre sabio les dijera que estaba vivo, lo apretarían y lo dejarían caer muerto. Si el hombre les respondiera que estaba muerto, quien llevara el pajarito, abriría la mano y lo dejaría volar. Seguros de poder engañar al hombre sabio, se dirigen a su casa y al encontrarlo le preguntan:

- Sabio, tú que siempre respondes a todo correctamente, puedes decirme: ¿este pajarito que tengo en mi mano está vivo o está muerto?

El hombre sabio se les queda observando pensativamente, y luego de un corto tiempo les dice:

- La respuesta está en tu mano.

Creemos que las respuestas a esas dos incógnitas están en sus manos, así como en sus manos está su desarrollo como líderes transpersonales.

"Si tus acciones inspiran a otros a soñar más, aprender más, hacer más y más, eres un líder".

John Quincy Adams

## Referencias

Amat, M. (2007). Un modelo para el desarrollo de competencias de liderazgo efectivo en la gerencia media universitaria. Tesis presentada para optar al grado de doctora en educación. UPEL-IPC. Caracas. Venezuela.

Bass, B. (1981). *Stogdill's Handbook of Leadership: A Survey of Theory Reasearch*. Revised and expanded edition by Bernard M. Bass. Free Press: New York.

Bass, B. y Avolio, B. (1990). *The implication of transactional and transformational leadership for individual, team, and organizational development*. In W. Pasmore and R. W. Woodman (Eds.) vol. 4. Greenwich, CT: JAI Press.

Bass, B. y Avolio, B. (1994). *Improving organizational effectiveness through transformational leadership*. Thousand Oaks: CA. SAGE Publications.

Bass, B. y Steidlmeiner, P. (1998). *Ethics, character, and authentic transformational leadership*. Center for leadership studies, School of Management. Binghamton University, Binghamton, N.Y. 13902-6015. Revised 9/24/98

Beck L.G. (1994). Reclaiming educational administration as a caring profession. New York: Teachers College Press.

Bennis, W. y Nanus, B. (1985). *Leaders: the strategies for taking charge*. New York: Harpers & Row.

Blake, R. y Mouton, J. (1964). *The managerial grid*. Houston: Gulf Publishing.

Brown M. E. y Treviño, L. K. (2006). Ethical leadership: A review and future directions. The Leadership Quarterly. 17, 596-616.

Burns, J. M. (1978). *Leadership*. New York: Harper & Row.

Clark, K. E. y Clark, M. (1996). *Choosing to lead*. Greensboro, NC: Center for Creative Leadership.

Daniels, M. (2008). *Sombra, Yo y Espíritu. Ensayos de psicología transpersonal*. Kairós: Barcelona.

De Pree, M. (1989). *Leadership is an art*. A Dell Trade Paperback: New York.

Fiedler, F. E. (1967). *A Theory of Leadership Effectiveness*. New York: McGraw Hill.

Fiedler, F. E. y Chemers, M.M. (1985). *Liderazgo y administración efectiva*. México: Trillas.

French, J. y Raven, B. (1959). *The bases of social power*. En D. Cartwright (Ed.). Studies of social power. Ann Arbor, MI: Institute for Social Research.

Gasper, J. M. (1992). *Transformational leadership: an integrative review of the literature*. Ann Arbor, MI: U.M.I. Dissertation Information Service.

Green, R. (2001). *Practicing the Art of Leadership: a problem based approach to implementing the ISLLC standards*. Upper Saddle River, NJ: Merrill Prentice Hall Inc.

Grof, S. (2000). *La psicología del futuro. Lecciones de la investigación moderna de la consciencia*. Barcelona: La Liebre de Marzo.

Hackman, M. Z. y Johnson, C. E. (1991). *Leadership: a communication perspective*. Prospect Heights, ILL: Waveland Press Inc.

Hemphill, J. y Coons, A. (1957). *Development of leader behavior description questionnaire*. En R. Stogdill y A. Conos (Eds.). Leader behavior: Its description and measurement. Columbus, Ohio: Bureau of Business Research. Ohio State University.

Hersey, P. y Blanchart, K. (1982). *Management of organizational behavior: utilizing human resources.* Englewood Cliff, NJ: Prentice Hall, Inc.

Hodgkinson, C. (1991). *Educational Leadership: the Moral Art.* Albany, NY: State University of New York Press.

Jacobs T. y Jaques, E. (1990). *Military executive leadership.* En K. Clark y M. Clark (Eds.). Measures of leadership. West Orange, NJ: Leadership Library of America.

Katz, D. y Kahn, R. (1978). *The social psychology of organization* (2nd. ed.) New York: John

Wiley.

Kotter, J. (2005) Leading Change. Harvard Business School Press.

McFarland, L., Senn, L. y Childress, J. (1997). Liderazgo para el siglo XXI. Dialogos con 100 líderes destacados. Serie McGraw Hill Liderazgo en acción. Editorial McGraw Hill Interamericana, S.A. Colombia.

McGregor, D. (1960). *The human side of enterprise.* New York: McGraw-Hill.

McClelland, D. (1985). *Human motivation.* Glenview, IL: Scott Foresman.

Owens, R. (1998). *Organizational Behavior in Education.* Needham Heights, MA: Allyn and Bacon.

Rauch, C. y Behling, O. (1984). *Functionalism: Basis for an alternate approach to the study of leadership.* In J. Hunt, D. Hosking, C. Schriesheim, y R. Stewart (Eds.). Leaders and managers: International perspectives on managerial behavior and leadership. Elmsford, NY: Pergamon Press.

Rubino, A. (1990). Diseño y producción de cuestionarios para establecer los estilos de liderazgo, la madurez del grupo, el poder del líder sobre los subordinados, la estructura de la tarea y las relaciones líder-subordinado: desde el punto de vista del líder y los subordinados. Trabajo de ascenso no publicado. Universidad Pedagógica Experimental Libertador, Instituto Pedagógico de Caracas, Caracas.

Rubino, A. (2001, Octubre). El liderazgo transformacional: una forma de liderar efectivamente las organizaciones. Conferencia presentada en la Academia Militar de Venezuela, Caracas.

Rubino, A. y Amat, M. (2001). Atributos de los líderes. Datos no publicados.

Sargent, J. F. & Miller, G. R. (1971). Some differences in certain communication behavior of autocratic and democratic group leaders. *Journal of Communication, 21,* 238-258

Stogdill, R. (1974). *Handbook of leadership-A survey of theory and research.* New York: The Free Press.

Tannenbaum, R., Wescheler, I. y Massarik, F. (1961). *Leadership and organization.* New York: McGraw-Hill.

Wilber, K. (1989). *El proyecto Atman. Una visión transpersonal del desarrollo humano.*

Barcelona: Kairós.

Yukl, G. (1994). *Leadership in organizations.* (3rd. ed.) New York: Prentice Hall.

Yura, H., Ozimek, D. y Walsh, M. (1976). *Nursing leadership: Theory and Process.* New York: Appleton-Century-Crofts.

www.ingramcontent.com/pod-product-compliance
Lightning Source LLC
Chambersburg PA
CBHW070153290526
45789CB00002B/756